JN425713

현대 러시아 읽기

고려대학교 러시아CIS연구소 교재편찬위원회 기획

Знакомьтесь: Россия

Рассказы о современной России

현대 러시아 읽기

러시아어 텍스트 강독

김진규 · 남혜현

고려대학교출판부
KOREA UNIVERSITY PRESS

Предисловие

Данное учебное пособие адресовано студентам старших курсов вуза, прошедших первый сертификационный уровень ТРКИ. Учебник включает основные сведения по четырём тематическим разделам — «Великие люди России», «Культура», «Общество», «Экономика» — и состоит из 14 уроков. Каждый урок содержит небольшой текст для чтения, ключевые слова и выражения, вопросы к тексту, грамматические и лексические упражнения, перевод текста на корейский язык.

Главная цель этой книги состоит в том, чтобы учащиеся могли ознакомиться с современной Россией на более продвинутом уровне с помощью различных учебных текстов. Самим названием книги «Знакомьтесь: Россия. Рассказы о современной России» хорошо подтверждается эта идея. При этом авторы специально включили текст о Петре I в первый урок с учетом того, что именно он явился основоположником модернизации России в истории, и без его преобразований невозможно представить вообще сегодняшнюю Россию.

При подготовке и разработке текстов авторы опирались на различные материалы СМИ, энциклопедий, печатных и электронных книг и т.п. В упражнениях особый акцент сделан на расширение лексического запаса по

머리말

이 책은 토르플 1단계를 통과한 중급 정도의 러시아어 수준을 갖춘 학생들을 대상으로 하고 있습니다. 이 책에는 〈러시아의 위인들〉, 〈문화〉, 〈사회〉, 〈경제〉 4개의 분야에 걸쳐 총 14개의 다양한 텍스트가 실려 있으며, 각 과는 텍스트 외에 문법, 어휘 관련 연습문제, 해석이 포함되어 있습니다.

우리 저자들의 집필 의도는 중급 이상 수준의 텍스트를 통해 현대 러시아의 다양한 면모를 소개하는 것입니다. 이 책의 제목 《현대 러시아 읽기》는 이러한 집필 의도를 함축하고 있습니다. 다만 1과에 표트르 1세에 관한 텍스트를 놓은 이유는 그가 러시아 근대화의 시조이며, 그를 논외로 하고서는 오늘날의 러시아를 이해하기가 불가능하기 때문입니다.

텍스트를 만들기 위한 기본 정보는 다양한 대중매체, 백과사전, 온 · 오프라인상의 서적 등을 사용했습니다. 러시아어를 배우는 데 가장 큰 어려움 가운데, 첫째는 하나의 어원을 가진 단어들이 접두사와 결합하여 매우 다양한 의미의 단어들을 파생시킨다는 데 있습니다. 형태적으로 유사한 단어들이 다른 의미로, 다른 맥락에서 사용될 수 있으므로 외국인이 적절한 어휘를 구사하는 것은 참 어려운 일입니다. 둘째, 러시아어에는 격이라는 문법 범주가 있습니다. 명사와 형용사가 문장에서 동사와의 관계에 따라 여성, 남성, 중성의 각 문법적 성별로 각기 다른 6격의 격변화를 하므로, 훌륭한 러시아어를 구사하는 외국인도 이 격변화의 실수에서는 자유롭지 못합니다. 그러므로 본 교재의 연습문제는 적절한 어휘의 선택과 명사, 동사의 형태 변화에 초점이 맞추어져 있습니다.

отдельным темам, а также уделено внимание трудным случаям употребления слов русского языка. Большое значение придаётся тренировке и развитию навыков правильного употребления падежных и глагольных форм.

Особую благодарность приносим Надежде Николаевне Толорая, которая очень внимательно и добровольно отредактировала все подобранные нами тексты и упражнения. Также приносим благодарность Фонду «Русский мир», который финансировал составление этого учебника.

Авторы надеются, что данное учебное пособие поможет корейским студентам углублять знания русского языка и больше узнать о современной жизни России в целом и будет способствовать укреплению дружбы и взаимопониманию двух народов — корейского и русского — при совместной работе на любом уровне и в любых областях.

Июнь 2010 г.

Авторы.

이 책이 지금의 모습을 갖추게 된 데는 여러 분들의 도움이 있었습니다. 특히 나데즈다 톨로라야 선생님께 특별한 감사의 인사를 전합니다. 선생님께서는 모든 텍스트와 연습문제를 세심히 검토해서 초고에 있던 많은 실수를 줄여 주셨습니다. 러시아어 오탈자를 꼼꼼하게 교정해 준 고려대학교 러시아센터 사서 전재연 씨와 노어노문학과 김향지, 이영신 학생에게도 감사의 인사를 전합니다. 선뜻 이 책의 출간을 맡아 준 고려대학교출판부에게도 감사의 인사를 드립니다. 마지막으로 이 책의 집필을 지원해 준 러시아 재단 '루스키 미르' 관계자분들께 감사드립니다.

아무쪼록 부족한 이 책을 통해 우리 학생들이 러시아어 실력뿐 아니라, 현대 러시아에 대한 이해까지 부쩍 자라기를 바랍니다.

2010년 6월
안암골에서

ОГЛАВЛЕНИЕ

차례

'*'은 각 과의 난이도를 나타냄

본 교재는 '루스키 미르' 재단의 재정지원에 의하여 저술됨(N. 146Гр/773-08)
Данное учебное пособие издано при финансовой поддержке фонда «Русский Мир»(N. 146Гр/773-08)

I. Великие люди России

УРОК 1

Пётр I

Пётр Алексеевич Романов

Пётр I родился в 1672 году в Москве. Он был младшим сыном великого государя Алексея Михайловича от второго брака с Н.К. Нарышкиной. Царевич Пётр был живым, подвижным ребенком. Он очень любил шумные игры, с удовольствием катался на деревянных лошадках на колёсиках. Когда царевичу исполнилось семь лет, его начали обучать грамоте. Пётр быстро освоил азбуку. Умному мальчику легко давалось учение.

У Петра был старший брат Иван. Но Иван, слабый здоровьем, часто болел, плохо видел. Вот потому впервые в России были провозглашены одновременно два царя — Иван V и Пётр I. Для них даже был сделан царский трон с двумя сиденьями. Но поскольку и Иван, и Пётр были еще детьми и не могли управлять страной, за братьев-царей и от их имени стала править их старшая сестра, двадцатипятилетняя Софья. Так продолжалось семь лет.

Для правительницы главным было, чтобы брат не пытался

отстранить ее от власти. В распоряжении Софьи были многочисленные ратные силы стрельцов — воинов опытных и умелых, и она не боялась, что Пётр со своими «потешными» полками может представлять для нее какую-либо серьезную опасность. Правительница Софья хотела навсегда сохранить власть в своих руках и собиралась объявить себя полноправной и законной царицей.

Однако и Иван, и Пётр уже выросли и, как взрослые люди, больше не нуждались в том, чтобы за них правила Софья. Правда, Иван, плохо соображая, что вокруг него происходит, спокойно относился к желанию сестры закрепить за собой власть. Зато Пётр никак не мог с этим смириться. Чтобы покончить с братом-соперником, Софья подняла против него стрельцов. Она даже замыслила, если понадобится, убить Петра — лишь бы он не стоял у нее на дороге. Но не все стрельцы оказались верны правительнице. Немало их перешло на сторону Петра и вместе с его солдатами выступило против Софьи.

Узнав о коварных планах сестры и о том, что она готова ради власти злодейски лишить жизни собственного брата, Пётр жестоко расправился со сторонниками Софьи, а ее саму велел заключить в монастырь. Там узницу стерегли днем и ночью. Под строгим надзором она томилась целых пятнадцать лет, пока не умерла. Царь Иван передоверил все дела по управлению страной Петру, который после смерти много болевшего брата стал царем российским и единолично правил великой страной.

Пётр I был сильным, крепким и выносливым человеком. Он привык много работать и мало отдыхать. Сон его был коротким. Пётр поздно ложился спать, а в три или четыре часа утра — он уже на ногах. Казалось, ни лень, ни усталость ему неведомы. Он умел обращаться с топором и молотком, со сложными инструментами, механизмами и приборами. Знал, как построить корабль, и отлично управлялся с парусами. Он был хорошим бомбардиром, и послушное ему тяжёлое орудие вело точный огонь. За что он ни брался, все у него получалось, дело в его руках спорилось.

Он также разбирался в медицине, прочитал множество книг, разговаривал на равных с учёными и инженерами. Побывав за границей, Пётр убедился, что там есть, чему поучиться россиянам. Он сделал все возможное, чтобы перенять лучшее из того, что пришлось ему видеть в других странах. Многим обязана Петру Великому Россия. Однако свои преобразования он осуществлял, не останавливаясь перед большой кровью.

Победа в Северной войне 1700-1721 годов открыла России выход к Балтийскому морю. В 1703 году Пётр I основал новую столицу России — Санкт-Петербург, который сам назвал «окном в Европу». Пётр не любил Москву, потому что она напоминала ему о стрелецком бунте. Это стало одной из причин его решения основать новую столицу на берегах Невы. Руководил работами по строительству Петербурга любимец царя А.Д. Меншиков. Он был жесток и непреклонен и заставлял измученных людей работать на износ. Так, кровью и потом, ценой жизни и здоровья десятков тысяч человек в заболоченном месте встал прекрасный город на Неве.

В 1721 году после победы в Северной войне над Швецией Россия как огромное и обладающее неоспоримой военной мощью государство была провозглашена империей, и Сенат России просил Петра I принять титул «император» вместо «царя». Таким образом, глава государства российского стал первым императором в истории России.

В петровское время в России произошли большие изменения:

открыты музеи и типографии, появились фабрики и мастерские, оборудованные по последнему слову техники, заработали научные лаборатории, стала выходить первая российская газета…

Ключевые слова

- брак 결혼 (вступить в брак 결혼하다)
- подвижный 활발한, 활동적인
- провозглашать / провозгласить 선언하다, 발표하다
- двадцатипятилетний 25년의, 25세의
- правитель (남) / правительница (여) 지배자, 통치자
- потешный 우스운, 우스꽝스러운
  (потешные полки 표트르 1세 때의 소년병 연대)
- полноправный 충분한 권리 · 자격을 가진
- соображать/сообразить 판단하다, 생각하다
- соперник (남) / соперница (여) 경쟁자, 적수
- стрелец (16-17세기 모스크바 국가 시대의) 친위병 · 소총병(화기로 무장된 최초의 러시아 상비군)
- замышлять / замыслить 기도하다, 계획하다, 의도하다
- коварный 간교한, 교활한
- злодейский 악당의, 사악한, 비도덕적인
- узник (남) / узница (여) 죄인
- надзор 감독, 감시, 관리, 관리기관
- томиться (нсв)
  + чем? 지치다, 괴로워하다
  + по кому/чему? 생각하며 애태우다
- доверять / доверить 위탁하다, 위임하다
  кому / чему? в чём? 신임하다, 신뢰하다
- передоверять / передоверить 제삼자에게 위임하다
- перенимать / перенять 흉내 내다, 본받다
- единолично 개인적으로 (единоличный 개인의, 개인 경영의)

• выносливый　인내력이 강한, 끈기 있는

• неведомый　알려지지 않은, 불가사의한

• бомбардир　포병 상등병

• напоминать / напомнить　상기시키다

кому? о чём?　(사람에게 무엇을) 상기시키다

• бунт　폭동, 반란

• разбираться / разобраться + в ком? / чём?　충분히 연구 · 해명하다

• любимец (남) / любимица (여)　좋아하는 사람, 사랑받는 사람

• заболоченный　늪지대가 된

• неоспоримый　이론의 여지가 없는

• сенат　(고대 로마 · 제정 러시아의) 원로원

Ключевые выражения

- великий государь 위대한 군주
- легко даваться 수월하게 잘 이루어지다
- отстранить от власти 권력을 빼앗기다
- ратные силы 전투력
- быть в распоряжении 관리하에 있다, 재량하에 있다
- закрепить власть 권력을 견고히 하다.
- стоять на дороге 방해가 되다.
- перейти на сторону ~ 측에 가담하다
- выступить против ~에 대항하여 싸우다
- лишить жизни (어떤 사람의) 생명을 빼앗다
- заключить в монастырь 수도원에 유폐시키다
- передоверить дела 일을 ~에게 위임하다
- дело в руках спорится (у кого?) 일이 잘 풀리다
- окно в Европу 유럽으로 향한 창문
- город на Неве 네바 강 위의 도시(상트페테르부르크의 별명)
- глава государства 국가 지도자
- осуществить преобразования 개혁을 이루다
- жесток и непреклонен 잔혹하고 불굴의 의지를 보이다
- работать на износ 옷이 닳을 때까지 일하다
- оборудовать по последнему слову техники 최신 기술로 설비하다

Вопросы к тексту

1. Где и когда родился Пётр I?
2. Какой характер был у Петра I в детстве?
3. Какие отношения были у Петра I с сестрой Софьей?
4. Почему был сделан царский трон с двумя сиденьями?
5. Какие коварные планы строила Софья против собственного брата?
6. Каким человеком был Пётр I?
7. В чём убедился Пётр I, побывав за границей?
8. Какое историческое событие открыло России выход к Балтийскому морю?
9. В каком году Пётр I основал новую столицу России? И почему?
10. Кто и как руководил работами по строительству Петербурга?
11. Каким образом Пётр I принял титул «император» вместо «царя»?
12. Какие большие изменения произошли в России в петровское время?

Выберите самое подходящее по смыслу слово

1. Он с удовольствием катался на .... лошадках на колёсиках.

   А) деревенских

   Б) деревянных

   В) деревянистых

2. В распоряжении Софьи были многочисленные .... стрельцов.

   А) воздушные силы

   Б) морские силы

   В) ратные силы

3. Чтобы .... с братом-соперником, она подняла против Петра стрельцов.

   А) закончить

   Б) окончить

   В) покончить

4. Пётр жестоко .... со сторонниками Софьи.

   А) поправился

   Б) расправился

   В) справился

5. Под строгим .... она томилась целых пятнадцать лет, пока не умерла.

   А) надзором

Б) обзором

В) позором

6. Пётр поздно ложился спать, а в три или четыре часа утра — он уже ....

   А) в ногах

   Б) на ногах

   В) с ногами

7. За что он ...., всё у него получалось, дело в его руках спорилось.

   А) брался бы

   Б) не брался

   В) ни брался

8. Он сделал всё возможное, чтобы .... лучшее из того, что пришлось ему видеть в других странах.

   А) внять

   Б) перенять

   В) снять

Употребите слова, данные в скобках, в правильной грамматической форме

1. Для братьев даже был сделан царский трон с (два сиденья).
2. Пётр со своими «потешными» полками может представлять для неё (серьёзная опасность).
3. Правительница Софья хотела навсегда сохранить власть в (свои руки) и собиралась объявить себя (полноправная и законная царица).
4. Они больше не нуждались в (то), чтобы за (они) правила Софья.
5. Немало их (перейти) на сторону Петра и вместе с его солдатами (выступить) против Софьи.
6. Она готова ради (власть) злодейски лишить (жизнь) собственного брата.
7. Он также разбирался в (медицина), прочёл множество (книга), разговаривал на (равный) с учёными и инженерами.
8. Побывав за (граница), Пётр убедился, что там есть, (что) поучиться россиянам.
9. Многим обязана (Пётр Великий) Россия.
10. Руководил (работы по строительству) Петербурга любимец царя А.Д. Меншиков.
11. После победы в (Северная война) над (Швеция) Россия как огромное и обладающее (неоспоримая военная мощь) государство была провозглашена (империя).
12. Сенат России просил (Пётр I) принять титул «император» вместо (царь).

М. Л. Ростропович

Мстислав Леопольдович Ростропович родился 27 марта 1927 года в Баку. Оба его деда и родители были музыкантами.

С 1932 по 1937 год Ростропович учился в Москве в музыкальной школе имени Гнесиных. В 1941 году его семья была эвакуирована в город Чкалов (ныне Оренбург). Уже в четырнадцать лет Ростропович начал преподавать в местном музыкальном училище — после смерти отца он стал главой семьи и заменил его на преподавательской работе.

В эвакуации им были созданы фортепианный концерт, поэма для виолончели, прелюдия для фортепиано. Он много выступал, в том числе — с оркестром Малого театра, исполнявшим “Вариацию на тему рококо” Чайковского, давал концерты в госпиталях, воинских частях, колхозах, райцентрах.

В возрасте 16 лет Ростропович поступил в Московскую консерваторию, попав сразу на два факультета — композиторский и в класс виолончели, к преподавателю-виолончелисту Семену Козолупову. Ростропович показал другому преподавателю консерватории, выдающемуся композитору Дмитрию Шостаковичу партитуру своего первого фортепианного концерта, а потом виртуозно сыграл его. Шостакович предложил Ростроповичу позаниматься с ним “в классе по инструментовке”, но композитором Ростропович так и не стал. Сам виолончелист говорил, что Восьмая симфония Шостаковича после первой же репетиции произвела на него такое впечатление, что он перестал сочинять музыку.

В 1945 году Ростропович получил I премию на Всесоюзном конкурсе молодых музыкантов, а в 1950 году одержал победу на конкурсе в Праге. В 1945 году, после победы на всесоюзном конкурсе, студент Ростропович был переведен со второго курса сразу на пятый.

Окончив консерваторию в 1946 году, Ростропович поступил в аспирантуру, в которой учился до 1948 года.

Творчество Ростроповича-музыканта можно разделить на два направления: виолончелиста (солиста и ансамблиста) и дирижера — оперного и симфонического. Он исполнил практически весь репертуар классической виолончельной музыки. Кроме того, около 60 крупнейших композиторов XX века написали для него сочинения.

Благодаря международным контрактам и турам Ростропович стал известен на Западе. В его исполнении прозвучал фактически весь репертуар виолончельной музыки, и впоследствии многие произведения были написаны специально для него. Им были исполнены впервые 117 произведений для виолончели и даны 70 оркестровых премьер. Как камерный музыкант ом выступал в ансамбле со Святославом Рихтером, в трио с Эмилем Гилельсом и Леонидом Коганом, в качестве пианиста в ансамбле с женой (известной певицей) Галиной Вишневской.

По его собственному признанию, на формирование его личности огромное влияние оказали три композитора: Сергей Прокофьев, Дмитрий Шостакович и Бенджамин Бриттен. Около 60 композиторов посвятили свои сочинения Ростроповичу, в том числе, помимо вышеуказанных, Арам Хачатурян, Лучано Берио, Альфред Шнитке, Леонард Бернстайн, Анри Дютийе, Витольд Лютославский, Кшиштоф Пендерецкий.

Начиная с 1969 года Ростропович и его семья поддерживали Александра Солженицына, не только разрешив ему жить на своей даче под Москвой, но и написав открытое письмо Брежневу в его защиту. За этим последовала отмена концертов и туров, остановка записей. В 1974 году им были выданы выездные визы. Четыре года спустя Ростроповичи были лишены советского гражданства, которое им было возвращено только в 1990 году.

С 1974 года Ростропович стал одним из ведущих дирижёров Запада. В течение 17 сезонов он был бессменным дирижёром и художественным руководителем Национального симфонического оркестра в Вашингтоне, который под его руководством вошёл в число лучших оркестров Америки, и регулярным гостем Берлинской филармонии, Бостонского симфонического оркестра, Лондонского симфонического оркестра и Лондонской филармонии. Его последними записями были Концерт для виолончели с оркестром № 2 Шнитке и «Возвращение в Россию» — уникальный документальный фильм о поездке Ростроповича в Москву с Национальным симфоническим оркестром в 1990 году.

Ростропович, кроме концертной, занимался также и преподавательской деятельностью, открывал музыкальные школы, вел мастер-классы. В 2004 году Ростропович возглавил Школу высшего музыкального мастерства в Валенсии (Испания). Он неоднократно не только принимал участие в разного рода музыкальных фестивалях, но и выступал организатором собственных. Ростропович являлся президентом носящего его имя фонда помощи одаренным студентам музыкальных вузов, а также основал фонд помощи молодым музыкантам в Германии и стипендиальный фонд для талантливых детей в России.

Во время августовского путча 1991 года и событий октября 1993 года выступал на стороне Президента Российской Федерации Б.Н. Ельцина.

Ростропович был известен и своей благотворительной деятельностью: он был президентом Благотворительного фонда Вишневской — Ростроповича, оказывающего помощь детским лечебным учреждениям Российской Федерации, а также одним из попечителей школы имени А.М. Горчакова, возрождаемой в духе и традициях Царскосельского лицея.

Имя Ростроповича было включено в число “Сорока бессмертных” — почетных членов Академии искусств Франции, он был членом академий многих стран, обладателем множества других премий. Ростропович был удостоен звания почетного доктора более 50 университетов в различных странах и стал почетным гражданином многих городов мира, был награжден государственными наградами 29 стран.

Ростропович был хорошо известен любителям музыки в Корее, его гастроли проходили при полных залах и с неизменным успехом. В Корее есть и его ученики.

Ключевые слова

- эвакуация　철수, 후송

  (эвакуировать (нсв · св)　〔동〕 철수시키다, 송환하다)
- виолончель　첼로
- виолончелист (남) / виолончелистка (여)　첼로 연주자
- училище　학교, 학원, 교습소
- госпиталь　종합병원
- колхоз (коллективное хозяйство)　집단 농장
- райцентр (районный центр)　구청
- консерватория　음악 대학, 음악원
- выдающийся　우수한, 탁월한
- аспирантура　대학원, 연구원 과정
- творчество　창조
- посвящать / посвятить　~에 바치다
- деятельность　활동
- бессмертный　불멸의
- лицей　귀족학교
- лишать / лишить　~를 잃게 하다, 빼앗다
- инструментовка　관현악법
- партитура　오선지 악보
- репертуар　연주 목록
- репетиция　리허설
- поддерживать / поддержать　지지하다, 찬성하다, 협조하다
- возглавлять / возглавить　선두에 서다, 지휘하다
- одаренный　재능, 특징이 부여된

  (одарять / одарить кого? чего?　재능, 특징이 부여되다)

• попечитель 후견인, 보호인, 감독자

Ключевые выражения

• глава семьи 가장
• преподавательская работа 교사 업무
• воинская часть 군부대
• поступить в консерваторию 음악대학에 입학하다
• лишить гражданства 시민권을 빼앗다
• международные контракты 국제 계약
• оказать влияние 영향을 끼치다
• произвести впечатление 인상을 주다
• почётный член 명예회원
• лечебное учреждение 치료 시설
• удостоить звания 칭호를 수여하다
• ведущий дирижер 상임 지휘자
• оказать влияиние 영향 · 감화를 주다
• формирование личности 개성 · 인격의 형성
• благотворительная деятельность 자선 활동

Вопросы к тексту

1. Где и когда родился М.Л. Ростропович?
2. Где учился М.Л. Ростропович?
3. Почему семья Ростроповичей была эвакуирована?
4. Когда М.Л. Ростропович начал преподавать в музыкальном училище?
5. Почему ему пришлось стать главой семьи?
6. На какие факультеты Московской консерватории поступил М.Л. Ростропович?
7. Почему он не стал композитором?
8. Почему студента Ростроповича перевели со второго курса сразу на пятый?
9. Как можно разделить творчество Ростроповича?
10. Каким был репертуар М.Л. Ростроповича?
11. Кто оказал влияние на формирование личности Ростроповича?
12. Почему семья Ростроповича была лишена советского гражданства?
13. Чем еще был известен М.Л. Ростропович?
14. Как были отмечены заслуги М.Л. Ростроповича?

Выберите самое подходящее по смыслу слово

1. В 1941 году его семья была .... в город Чкалов.

   А) эвакуирована

   Б) эволюционирована

   В) экранизирована

2. После смерти отца Ростропович стал .... и заменил его на преподавательской работе.

   А) главой семьи

   Б) головой семьи

   В) главной семьи

3. Ростропович показал выдающемуся композитору Дмитрию Шостаковичу .... своего первого фортепианного концерта.

   А) партию

   Б) партитуру

   В) порцию

4. Шостакович предложил Ростроповичу позаниматься с ним в классе по ....

   А) инстркуции

   Б) инструментовке

   В) инсценировке

5. В 1950 году он .... победу на конкурсе в Праге.

   А) поддержал

Б) удержал

В) одержал

6. После победы на всесоюзном конкурсе студент Ростропович был .... со второго курса сразу на пятый.

   А) переведён

   Б) проведён

   В) отведён

7. По его собственному ...., на формирование его личности огромное влияние оказали три композитора.

   А) познанию

   Б) признанию

   В) сознанию

8. Ростропович являлся президентом носящего его имя фонда помощи .... студентам музыкальных вузов.

   А) одарённым

   Б) подаренным

   В) дарёным

9. Ростропович был .... звания почетного доктора более 50 университетов в различных странах.

   А) доволен

   Б) удостоен

   В) удовлетворён

10. Он стал почетным гражданином многих городов мира и был .... государственными наградами 29 стран.

А) преграждён

Б) ограждён

В) награждён

Употребите слова, данные в скобках, в правильной грамматической форме

1. В эвакуации (он) были созданы фортепианный концерт, поэма для виолончели, прелюдия для фортепиано.
2. Восьмая симфония Шостаковича после первой же (репетиция) произвела на (он) такое впечатление, что он перестал сочинять музыку.
3. Окончив консерваторию в 1946 году, Ростропович поступил в (аспирантура), в (который) учился до 1948 года.
4. Около 60 (крупнейший композитор) XX века написали для него сочинения.
5. Около 60 (композитор) посвятили свои сочинения (Ростропович).
6. Ростропович и его семья поддерживали (Александр Солженицын), не только разрешив (он) жить на своей даче под (Москва), но и написав открытое письмо (Брежнев) в его защиту.
7. Четыре года спустя Ростроповичи были лишены (советское гражданство), которое им было возвращено только в 1990 году.
8. С 1974 года Ростропович стал (один из ведущих дирижёров) Запада.
9. Ростропович, кроме концертной, занимался также и (преподавательская деятельность).
10. Ростропович был известен и (своя благотворительная деятельность).
11. Он был одним из (попечитель) школы имени А.М. Горчакова, возрождаемой в духе и традициях (Царскосельский лицей).
12. В Корее его гастроли проходили при (полные залы) и с (неизменный успех).

А. Д. Сахаров

Российский физик и борец за права человека Андрей Дмитриевич Сахаров родился в Москве в 1921 году. В его доме царил традиционный дух большой крепкой семьи — трудолюбие, взаимная семейная поддержка и любовь к литературе и науке. Первые школьные годы он учился дома, поэтому влияние семьи было очень большим. Мягкий и скромный юноша, Сахаров был особенно привязан к своей бабушке. Зная английский язык, она каждый вечер читала внукам книги английских писателей. А перед православными праздниками она читала им Евангелие.

В 1938 году Андрей Сахаров с отличием окончил школу и поступил на физический факультет Московского государственного университета, который с отличием окончил в 1942 году. Потом он поступил на работу к известному специалисту по квантовой физике Игорю Тамму в Институт имени Лебедева. Два года спустя, в возрасте 26 лет, Сахаров получил степень доктора физико-математических наук.

Работая в обстановке строгой секретности Сахаров и Тамм создали водородную бомбу. Этот успех принес молодому физику немалые почести. В 1953 году Сахаров стал самым молодым членом Академии наук СССР. Как академик он имел доход и уровень жизни значительно превышающие средние.

С этого времени Сахаров работал над совершенствованием ядерного оружия. Описывая свою жизнь тех лет, Сахаров позже говорил: «Субъективно я чувствовал, что работаю во имя мира, что моя работа укрепляет баланс сил и потому приносит пользу человечеству в целом». Однако с течением времени в нём зародилось чувство протеста против ядерных испытаний, первоначально из-за биологической опасности ядерных взрывов в атмосфере. С конца 50-х годов Андрей Дмитриевич Сахаров активно выступал за прекращение испытаний ядерного оружия.

В 1968 году Сахаров написал манифест «Размышления о прогрессе, мирном сосуществовании и интеллектуальной свободе». Осуждая гонку ядерных вооружений, Сахаров призывал Советский Союз и Соединённые Штаты к сотрудничеству, требовал объединения советских и американских ресурсов для борьбы с глобальной угрозой голода, перенаселением и загрязнением окружающей среды. Ученый также выступал за отмену цензуры, политических судов, против содержания диссидентов в психиатрических больницах. Примерно в то же время его жена, родившая ему троих детей, умерла от рака. Тяжело переживая ее смерть, он пожертвовал огромную сумму на строительство онкологической больницы и в Международный Красный Крест на помощь жертвам стихийных бедствий.

В 1970 году совместно с другими советскими физиками Сахаров

основал комитет «За права человека». Он высказывался по проблемам загрязнения окружающей среды, за отмену смертной казни, за право на эмиграцию. Некоторое время спустя он женился на Елене Боннэр, правозащитнице и диссидентке.

В 1975 году Сахаров был удостоен Нобелевской премии мира за «бесстрашную поддержку фундаментальных принципов мира между людьми» и за «мужественную борьбу со злоупотреблением властью и подавлением человеческого достоинства». Однако советские власти не разрешили ему выехать на церемонию награждения. Награду приняла Елена Боннэр, его вторая жена, призывавшая к освобождению всех «узников совести». Она передала слова Сахарова о том, что эту награду «разделяют все узники совести в Советском Союзе и странах Восточной Европы, а также те, кто борется за их освобождение».

В 1980 году, когда академик Сахаров резко осудил советское вторжение в Афганистан, его лишили всех наград, включая звание Героя Социалистического Труда, и без всякого суда сослали в город Горький (ныне Нижний Новгород), закрытый для иностранцев. И лишь в декабре 1986 года советский руководитель Михаил Горбачёв, позвонив ему по телефону, объявил об окончании ссылки. Через несколько дней Сахаров вернулся в Москву, где возобновил научную работу. Он продолжал добиваться освобождения советских диссидентов, заключенных по политическим мотивам.

Сахаров много размышлял о реформе политической структуры СССР, им был подготовлен проект «Конституции Союза Советских республик Европы и Азии». Целью этого государства он провозгласил «материальную и духовную свободу, благосостояние, мир и безопасность для граждан страны, для всех людей на Земле, независимо от расы, национальности, пола, возраста и социального положения».

Академик Сахаров скончался 14 декабря 1990 года. Проститься с великим человеком пришли сотни тысяч людей. Он сделал много как для развития ядерного оружия, так и для использования силы атома в мирных целях. Однако ни то, ни другое не может превзойти его несравненных заслуг в деле защиты мира и прав человека.

Ключевые слова

- трудолюбие 근면, 부지런함
- скромный 겸손한
- царить 우세하다, 지배하다, 도처에 보이다
- спустя 후에
- доход 수입, 소득
- совершенствование 완성, 완전
- зарождаться/зародиться 생기다, (사상, 감정이) 일어나다
- протест 항의, 이의 신청, 저항
- испытание 실험
- первоначально 처음에, 처음에는
- противопоставлять / противопоставить (кого-что, кому-чему) 대조시키다, 대비시키다, 대항시키다, 대치시키다
- манифест 선언, 포고, 성명서, 취지서, 성명서
- цензура 검열
- диссидент 반체제 인사
- высказываться / высказаться 발언하다, 진술하다
- правозащитник 인권 운동가
- мужественный 용기 있는, 용맹한, 강직한
- осуждать / осудить 유죄로 인정하다, 형을 선고하다, 질책하다, 비난하다
- возобновлять / возобновить 갱신하다, 부흥시키다, 부활시키다, 재개하다
- благосостояние 행복, 복지
- Евангелие 복음서
- квантовая физика 양자물리학
- взрыв 폭발, 파열
- ресурсы 자원, 재원

- призывать/призвать кого к чему 어필하다, 호소하다, 권하다, 권고하다
- перенаселение 인구 과잉
- жертвовать/пожертвовать 희생하다
- быть удостоенным 자격 · 가치를 인정받아 (상 등을) 수여받다
- вторжение 침입, 습격, 간섭, 개입
- ссылать / сослать 추방하다, 유형에 처하다
- провозглашать / провозгласить 포고하다, 선언하다
- раса 인종, 종족
- превосходить/превзойти 우세하다, 우월하다, 능가하다, 초월하다

Ключевые выражения

- борец за права человека 인권 운동가
- окончить с отличием 수석으로 졸업하다, 우수한 성적으로 졸업하다
- физико-математические науки 물리수학
- значительно превышать 훨씬 웃돌다
- приносить пользу 이익을 가져다주다
- прекращение испытаний 실험 중단
- официальные круги 공직자들
- загрязнение окружающей среды 환경 오염
- психиатрическая больница 정신병원
- жертвы стихийных бедствий 자연 재해 희생자
- смертная казнь 사형
- злоупотребление властью 권력 남용
- человеческое достоинство 인간 존엄
- узник совести 양심수

Вопросы к тексту

1. Где и когда родился А.Д. Сахаров?
2. Какое влияние оказала семья на развитие мальчика?
3. Как учился А.Д. Сахаров?
4. Какую специальность он получил в МГУ?
5. С кем работал А.Д. Сахаров? Что они создали?
6. Почему А.Д. Сахаров стал выступать против ядерных испытаний?
7. О чем говорится в манифесте А.Д. Сахарова?
8. За какие заслуги Сахаров был удостоен Нобелевской премии мира?
9. Кто получил за него эту премию и почему?
10. Куда и почему был сослан А.Д. Сахаров?
11. Как он смог вернуться в Москву?
12. О какой реформе размышлял Сахаров?
13. Чему он посвятил свою жизнь?

Выберите самое подходящее по смыслу слово

1. В 1938 году Андрей Сахаров с отличием .... школу.

   А) прикончил

   Б) окончил

   В) покончил

2. Сахаров был особенно .... к своей бабушке.

   А) связан

   Б) развязан

   В) привязан

3. Потом он .... на работу к известному специалисту по квантовой физике.

   А) поступил

   Б) наступил

   В) вступил

4. Два года .... , Сахаров получил степень доктора физико-математических наук.

   А) отпустя

   Б) пропустя

   В) спустя

5. Он имел доход и уровень жизни значительно .... средние.

   А) превышающие

   Б) возвышащие

В) повышающие

6. Моя работа .... баланс сил.

А) прикрепляет

Б) скрепляет

В) укрепляет

7. Моя работа .... пользу человечеству в целом.

А) уносит

Б) приносит

В) относит

8. С течением времени в нем .... чувство протеста.

А) зародилось

Б) выродилось

В) народилось

9. Сахаров активно .... за прекращение испытаний ядерного оружия.

А) выступал

Б) заступал

В) поступал

10. Он .... гонку ядерных вооружений.

А) рассуждает

Б) обсуждает

В) осуждает

11. Сахаров .... Советский Союз и Соединённые Штаты к сотрудничеству.

А) призывал

Б) отзывал

В) вызывал

12. Сахаров требовал .... советских и американских ресурсов.

А) объединения

Б) розделения

В) разъединения

13. Ученый также выступил за .... цензуры, политических судов.

А) отмену

Б) подмену

В) измену

14. Он выступил против содержания диссидентов в .... больницах.

А) психиатрических

Б) психологических

В) психических

15. Эту награду .... все узники совести в Советском Союзе и странах Восточной Европы.

А) разделяют

Б) уделяют

В) выделяют

16. Михаил Горбачев .... об окончании ссылки.

А) выявил

Б) предъявил

В) объявил

17. Сахаровым был .... проект «Конституции Союза Советских республик Европы и Азии».

А) заготовлен

Б) подготовлен

В) изготовлен

18. Он продолжал .... освобождения советских диссидентов.

А) сбиваться

Б) добиваться

В) подбиваться

19. Академик Сахаров .... 14 декабря 1990 года.

А) окончился

Б) закончился

В) скончался

20. Он сделал много для использования силы атома в .... целях.

А) мирных

Б) мирских

В) мировых

21. Ничто не может превзойти его несравненных .... в деле защиты мира.

А) слуг

Б) услуг

В) заслуг

Употребите слова, данные в скобках, в правильной грамматической форме

1. В его доме царила любовь к (литература и наука).
2. Сахаров был привязан к (своя бабушка).
3. Перед (православные праздники) она читала им Евангелие.
4. Потом он поступил на (работа) к (известный специалист) по (квантовая физика) (Игорь Тамм).
5. Этот успех принес (молодой физик) немалые почести.
6. С (это время) Сахаров работал над (совершенствование) ядерного оружия.
7. Моя работа приносит пользу (человечество) в целом.
8. Однако с (течение) времени в нем зародилось чувство протеста против (ядерные испытания) из-за (биологическая опасность) ядерных взрывов в атмосфере.
9. С (конец) 50-х годов Сахаров активно выступал за (прекращение) испытаний ядерного оружия.
10. Сахаров продолжал противопоставлять себя (официальные круги).
11. В 1968 году он написал манифест «Размышления о (прогресс, мирное сосуществование и интеллектуальная свобода)».
12. Осуждая (гонка) ядерных вооружений, Сахаров призывал к (сотрудничеству) СССР и США.
13. Он требовал объединения советских и американских ресурсов для борьбы с (глобальнаая угроза) голода.
14. Он выступил за (отмена) цензуры, политических судов, против (содержание) диссидентов в (психиатрические больницы).
15. Его жена умерла от (рак).

16. Он пожертвовал огромную сумму на помощь (жертвы) стихийных бедствий.
17. Совместно с (другие советские физики) Сахаров основал комитет «За права человека».
18. Он высказывался по (проблема) загрязнения окружающей среды, за (отмена) смертной казни, за (право) на (эмиграция).
19. Он женился на Елене Боннэр, (правозащитница и диссидентка).
20. Сахаров был удостоен (Нобелевская премия) мира 1975 г. за (бесстрашная поддержка) фундаментальных принципов мира между людьми и за (мужественная борьба) со (злоупотребление) (власть) и (подавление) человеческого достоинства.
21. Его вторая жена призывала к (освобождение) всех «узников совести».
22. Его лишили (все награды), включая звание Героя Социалистического Труда.
23. Михаил Горбачёв, позвонив ему по телефону, объявил об (окончание) ссылки.
24. Он продолжал добиваться (освобождение) советских диссидентов, заключенных по (политические мотивы).
25. Сахаров много размышлял о (реформа) политической структуры СССР, (он) был подготовлен проект «Конституции Союза Советских республик Европы и Азии».
26. (Цель) этого государства он провозгласил материальную и духовную свободу для всех людей на Земле, независимо от (раса, национальность, пол, возраст и социальное положение).
27. Проститься с (великий человек) пришли сотни тысяч людей.
28. Ничто не может превзойти его заслуг в деле (защита) мира и прав человека.

Поставьте слова в скобках в правильной форме

1. Любовь (к кому/ к чему?): страна, родина, отечество, свой народ, родной край, семья, дети, старый друг, человечество, русская литература, классическая музыка.
2. Быть привязанным (к кому/ к чему?): семья, своя мать, родине, сын, дочь, родители.
3. Специалист (по чему?): русская литература, маркетинг, безопасность, реклама, недвижимость, налоговое право, кредитование, связи с общественностью.
4. Работать (над чем?): большой проект, рукопись, диссертация, улучшение качества продукции, важнейщие проблемы.
5. Чувство против (чего?): насилие, употребление наркотиков, пытки, коррупция, террор, несправедливость, курение, пьянство, гомосексуализм.
6. Выступать (за что?): право человека, свобода, справедливость, сборная команда, воссоединение.
7. Осуждать (что?): теракт, родные и близкие, коммунизм, капитализм, тоталитаризм, люди, преступник, еретик.
8. Требовать (чего?): уволнение, дополнительные знания и навыки, присмотр, техническая подготовка, регистрация, выплата, пояснение, доказательство.
9. Борьба (с чем?): корруппция, компьютерные преступления, бедность, пьянство, международный терроризм, инфекции, утечка ресурсов.
10. Умереть (от чего?): голод, усталость, язва желудка, гипертония, туберкулез, скука и безделье.
11. Быть удостоенным (чего?): международная премия, почетное

звание, высокая награда, золотая медаль, главный приз, титул «Супербренд», орден, Оскар, гран-при.

12. Призывать (к чему?): восстание, протест, здоровый образ жизни, сотрудничество, толерантность, окончание войны, дружба народов.
13. Добиться (чего?): успех, процветание, желаемое, мирное урегулирование конфликтов, согласие и взаимопонимание, лучшие результаты.
14. Размышлять (о чем?): свобода, смысл жизни, законы природы, будущее, возможность ядерного конфликта.
15. Проститься (с кем?): давний друг, прошлое, любимый актер.
16. Независимо (от чего?): экономическое положение, статус и возраст челвоека, вид спорта, обстоятельства, результаты, место рождения.

А. И. Солженицын

Александр Исаевич Солженицын родился 11 декабря 1918 года в городе Кисловодске. Прошел всю войну, был награжден боевыми орденами, имел звание капитана Советской Армии. На фронте он продолжал интересоваться общественной жизнью и стал критически относиться к сталинскому режиму. В январе 1945-го был арестован за откровенную переписку с другом юности, в которой содержалась критика Сталина, и по знаменитой 58-й статье получил восемь лет исправительно-трудовых лагерей. Зимой 1952 года у Солженицына обнаружили рак, и он был прооперирован в лагере. В 1953 году его освободили.

Широкую известность писатель получил благодаря историко-публицистическим произведениям о России XIX-XX веков. В течение нескольких десятилетий — в 60-80-х годах XX-го века Солженицын активно боролся против коммунистического режима в России.

Известность ему принесли романы «В круге первом», «Раковый корпус». Рассказ Солженицына «Один день Ивана Денисовича», который стараниями Александра Твардовского был опубликован в журнале «Новый мир» в ноябре 1962 года, произвел переворот в общественно-политической и литературной жизни.

В 1969 году Александр Солженицын был исключен из Союза писателей СССР, а в 1970 году ему была присуждена Нобелевская премия по литературе «За нравственную силу», с какой он продолжил исконную традицию русской литературы.

Письма читателей и бывших заключенных в связи с публикацией «Ивана Денисовича» положили начало «Архипелагу ГУЛАГу», посвященному сталинскому террору. В 1974 году писатель был лишен советского гражданства и выслан из СССР. В Париже он пишет роман «Август Четырнадцатого». В 1976 году Солженицын с семьей переехал в США из Европы и поселился в штате Вермонт, где работал над «Красным Колесом».

В годы перестройки отношение к Солженицыну в СССР изменилось, и на родине были опубликованы многие его произведения. Тиражом 27 миллионов экземпляров в СССР опубликована его знаменитая статья “Как нам обустроить Россию”.

В начале 90-х Солженицыну вернули российское гражданство, а 27 мая 1994 года он прилетел из США во Владивосток вместе с семьей и, проехав на поезде через всю страну, закончил путешествие в Москве, навсегда вернувшись на родину. В 1997 году была учреждена ежегодная литературная премия Александра Солженицына, лауреатами которой стали известные ученые, писатели, кинематографисты. До последнего дня Александр Солженицын оказывал помощь семьям политических заключенных и оплачивал исследования о пострадавших за веру в годы советской власти.

Александр Исаевич готовился к смерти по-христиански, задолго до ее прихода. Он просил Патриарха Алексия разрешить похоронить его в Донском монастыре еще за пять лет до смерти. Благословение было дано.

Уход Солженицына получил резонанс во всем мире. На смерть Солженицына откликнулись видные политики, общественные деятели, ученые и, конечно, представители творческой интеллигенции. Соболезнования в связи с кончиной писателя выразили президент США Джордж Буш и президент Франции Николя Саркози, канцлер ФРГ Ангела Меркель, президенты Украины, Армении, Литвы, Эстонии и других стран

Одна из улиц Москвы переименована в честь Солженицына. Вдова писателя продолжает его дело и занимается изданием полного собрания сочинений Солженицына.

Ключевые слова

- награждён 수상하다
- фронт 전방, 전선
- интересоваться (кем-чем) 흥미나 관심을 갖다
- критика 비평, 비판
- критический 비판적인
- арестован 체포되다
- обнаружить 발견하다. 찾다
- прооперирован 수술받다
- освобождён 풀려나다. 자유가 되다.
- публиковать / опубликовать 공표하다, 발표하다
- исконный 순수한
- исключать / исключить 제외하다
- заключённый 죄수, 포로
- лишён (чего) ~을 잃다
- экземпляр 사본
- кинематографист 영화 관계자, 영화인
- хоронить/похоронить (땅에) 묻다
- монастырь 수도원
- благословление 축복
- канцлер (영국의) 대법관, 재무장관, (독일 등의) 수상

Ключевые выражения

- интересоваться общественной жизнью   사회생활에 관심을 갖다
- друг юности   어릴 적 친구
- исправительно-трудовой лагерь   수용소
- коммунистический режим   공산주의 체제
- произвести переворот   대변혁을 일으키다
- историко-публицистические произведения   역사 · 정치적 창작물
- принести известность   유명세를 가져다주다
- непреложные традиции   변치 않는 전통
- положить начало   초석을 놓다
- пострадать за веру   신념 때문에 수난을 겪다
- оказывать помощь (кому)   ~에게 도움을 주다
- задолго до (чего)   ~전에 오랫동안
- за (какое время) до (какого времени)   ~ 시작하기 전부터
- представитель творческой интеллигенции   예술인
- выразить соболезнования   조의, 애도를 표하다

Вопросы к тексту

1. Когда родился А.И. Солженицын?
2. Как отмечены боевые заслуги А.И. Солженицына?
3. Почему арестовали Солженицына?
4. Сколько лет провел писатель в лагерях?
5. Благодаря чему А.И. Солженицын получил широкую известность?
6. Против чего боролся А.И. Солженицын?
7. За что ему была присуждена Нобелевская премия?
8. Что положило начало «Архипелагу ГУЛАГ»?
9. Куда переехал А.И. Солженицын с семьей после лишения его гражданства?
10. Когда и как он вернулся домой?
11. Как Солженицын готовился к смерти?
12. Кому оказывал помощь А.И. Солженицын?
13. Что можно сказать о смерти писателя и международной реакции на неё?
14. Кто продолжает дело писателя?

Выберите самое подходящее по смыслу слово

1. Солженицын .... всю войну.

   А) прошел

   Б) вышел

   В) отошел

2. Он был награжден .... орденами, имел звание капитана Советской Армии.

   А) военными

   Б) бойцовскими

   В) боевыми

3. В январе 1945-го он был арестован. за .... переписку с другом.

   А) открытую

   Б) откровенную

   В) открывающую

4. В письме Солженицына .... критика Сталина.

   А) содержалась

   Б) задержалась

   В) удержалась

5. Известность ему .... романы «В круге первом», «Раковый корпус».

   А) вынесли

Б) принесли

В) понесли

6. Рассказ Солженицына «Один день Ивана Денисовича» .... переворот в общественно-политической и литературной жизни.

А) произошел

Б) превзошел

В) произвел

7. В 1969 году Александр Солженицын был .... из Союза писателей СССР.

А) заключен

Б) исключен

В) включен

8. Он был лишен советского гражданства и .... из СССР.

А) заслан

Б) прислан

В) выслан

9. Он .... на поезде с семьей через всю страну.

А) проехал

Б) приехал

В) уехал

10. Александр Солженицын .... помощь семьям политических

заключенных.

А) отказывал

Б) оказывал

В) заказывал

11. Он .... исследования о пострадавших за веру в годы советской власти.

А) выплачивал

Б) отплачивал

В) оплачивал

12. .... Солженицына получил резонанс во всем мире.

А) Приход

Б) Уход

В) Вход

13. На смерть Солженицына откликнулись .... политики.

А) видные

Б) видимые

В) видящие

14. Соболезнования в связи с .... писателя выразили президент США Джордж Буш и президент Франции Николя Саркози.

А) оконченио м

Б) концом

В) кончиной

Употребите слова, данные в скобках, в правильной грамматической форме

1. Солженицын был награжден (боевые ордена), на фронте продолжал интересоваться (общественная жизнь) и стал критически относиться к (сталинский режим).
2. В январе 1945 года был арестован за (откровенная переписка) с другом юности, в которой содержалась критика Сталина.
3. Широкую известность писатель получил благодаря (историко-публицистические произведения) о России XIX-XX веков.
4. В течение (несколько десятилетий) — в 60-80-х годах XX-го века активно боролся против (коммунистический режим) в России.
5. Известность (он) принесли романы «В круге первом», «Раковый корпус».
6. Рассказ Солженицына «Один день Ивана Денисовича» произвел переворот в (общественно-политическая и литературная жизнь).
7. В 1969 году Александр Солженицын был исключен из (Союз писателей) СССР, а в 1970 году ему была присуждена Нобелевская премия по (литература).
8. Письма читателей, бывших заключенных в связи с (публикация «Ивана Денисовича») положили начало («Архипелаг ГУЛАГ»), посвященному (сталинский террор).
9. В 1974 г. был лишен (советское гражданство) и выслан из СССР.
10. В 1976 г. писатель поселился в штате Вермонт, где работал над («Красное Колесо»).
11. В 1997 году была учреждена ежегодная литературная премия Александра Солженицына, (лауреаты) которой стали известные

ученые, писатели.

12. Александр Солженицын оказывал помощь (семьи политических заключенных).
13. Александр Исаевич готовился к (смерть) по-христиански, задолго до (ее приход).
14. Он просил (Патриарх Алексий) разрешить похоронить его в (Донской монастырь) еще за пять лет до смерти.
15. Соболезнования в связи с (кончина писателя) выразил президент США Джордж Буш.
16. Одна из улиц Москвы переименована в честь (Солженицын).
17. Вдова писателя занимается (издание) полного собрания сочинений Солженицына.

Поставьте слова в скобках в правильной форме

1. **Награждён (чем?)**: орден, премия, золотая медаль, высшая награда, диплом, специальный приз, сертификат, нагрудный знак, звание почётного гражданина, кубок, престижный приз, грамота.
2. **Интересоваться (чем?)**: спорт, музыкальное творчество, искусство, экономика, политика, новинки, театр, живопись.
3. **Арестовать (за что?)**: нападение, драка, вождение автомобиля в состоянии алкогольного опьянения, совершение разбоя, связи с мафией, взятка, коррупционная деятельность, хищения, преступление, кража машины.
4. **В течение (чего?)**: длительное время, текущий год, неделя, два месяца, ночь, ближайшие десятилетия, беременность, сезон, рабочие дни, сутки, век.
5. **Бороться (против чего?)**: расизм, распространие наркотиков, несправедливость, преступление, злоупотребления власти, незаконная застройка, нарушения на выборах, пиратство, терроризм, коррупция.
6. **Произвести (что)**: глубокое впечатление, обратный эффект, выстрел, масса экспериментов, кадровые перестановки, назначения, съемка, расчёты, революция, изменение, фурор.
7. **Исключён (из чего?)**: черный список, университет, команда, ряд организаций, школа, проект, партия, основной состав, перечень, программа, совет.
8. **Освобождён (из чего?)**: тюрьма, заключение, колония, плен, оккупация, места лишения свободы, психиатрическая больница.
9. **Посвящен (кому/чему?)**: экологические вопросы, развитие

экономики, открытие фирма, английский писатель, творчество Пушкина, мифология Древней Греции, выдающаяся артистка, изучение проблем.

10. **Нобелевская премия (в области) чего?)**: литература, физика, химия, экономика, медицина и физиология.
11. **Лишён (чего?)**: свобода, право, лицензия, членство, воинское звание, возможность, имущество, жильё, власть, доступ, гражданство, медаль, статус, депутатский мандат, питание.
12. **Поселиться (где?)**: новый дом, столица, гостиница, заброшенное здание, деревня, самый верхний этаж, монастырь, крайний север.
13. **Стать (кем?)**: профессор, мама, студент, игрок, начальник, член, президент, доктор, герой, взрослый, балерина, участник, отличник, христианин, автор книги, объект критики, кандидат.
14. **Оказать помощь (кому?)**: западные компании, дольщики, население, молодые люди, одарённые дети, производитель, политические партии, мать, больные, инвалид, ветеран, пострадавший, соседная страна.
15. **Страдать (за что?)**: вера, семья, оскорбление, правозащитнвя деятельность, свобода, участие, грех, правда, народ, политические убеждения, общее благо, родина, борьба с коррупцией.
16. **Готовиться (к чему?)**: экзамен, новый год, предстоящий матч, выборы, восстановление, Олимпиада, война, холода, отъезд, вечеринка, суд, интервью, уроки, отражение вирусной атаки, операция, выступление, полет.
17. **Откликнуться (на что?)**: призыв, голос, предложение, беда, просьба, приглашение, события, любовь, объявление, происходящее, сообщение, заявку.

18. **Переписка (с кем?)**: друг, родители, деятели науки, президент, девушки, клиенты, депутаты, читатели, муж, корреспондент, коллеги, заключенные, дети, Дед Мороз, преподавательница.
19. **Исследование (чего?)**: замкнутое пространство, механизм, реабилитация, влияние кризиса, природа, человеческий разум, развитие промышленности.
20. **В честь (кого/чего?)**: известный политик, юбилей, певец, победа, событие, праздник, известные люди, премьер-министр, годовщина, икона, День победы, Рождество, военнослужащие, художник.
21. **Издание (чего?)**: книга, журнал, газета, сборник, каталог, альбом, бюллетень.

ЦИРК
МОСКВА

II. Культура

Thea
GOUVERNEUR

ФОНД
РУССКИЙ МИР
www.russkiymir.ru
ХОРОШИЙ РУССКИЙ ЯЗЫК
ПОМОГАЕТ!

Русские народные промыслы

Произведения русского народного искусства могут многое рассказать о русском национальном характере, об истории России, о народных идеалах счастья и красоты. Большинство народных промыслов возникло в глубокой древности, их корни лежат в деревенском ремесле. Сама природа подсказывала человеку и материалы, и сюжеты. В лесной полосе развились токарное ремесло, резьба по дереву или бересте (коре березы). В местах, где находили залежи глин, зарождалось искусство художественной керамики. В северных районах европейской части России, где выращивали лён, возникло искусство кружевоплетения. Урал — место залежей железной руды и полудрагоценных и поделочных камней — знаменит чугунным литьем, украшением оружия и изделиями из камня.

Резьба по дереву и кости, кружевоплетение, вышивка, роспись по дереву и металлу, керамика, набивные ткани, изделия из кожи и меха — существуют десятки разнообразных народных промыслов.

Однако мировую славу снискали лишь некоторые из них — матрёшки, хохломская роспись, гжельская керамика, палехская миниатюра, жостовские подносы, павловопосадские шали, вологодские кружева, дымковская игрушка, городецкая роспись, каслинское чугунное литье.

Люди, которые хоть раз побывали в России, непременно привозят домой русские матрёшки. Слово «матрёшка» является уменьшительной формой от имени «Матрёна», восходящего к латинскому слову «Matrona» — знатная дама, мать семейства.

Считается, что русская матрёшка была выточена по образцу, привезённому из Японии после Русско-японской войны, но это вопрос достаточно спорный. Сегодня матрёшка является одним из самых популярных российских сувениров.

Матрёшка — это русская деревянная игрушка в виде расписной куклы, внутри которой находятся подобные ей куклы меньшего размера. Она часто использовалась как учебное пособие в дворянских семьях. Число вложенных кукол обычно шесть или более. Почти всегда они цилиндрической формы. По традиции рисуется женщина в сарафане, хотя внутри может быть и мужчина. Самой маленькой фигурой, которая уже не раскладывается, является ребёнок. Темы для рисования могут быть очень разными: от сказочных персонажей до политических деятелей.

Чтобы изготовить матрёшку, требуется большое мастерство. Сначала подбирают подходящий вид древесины. Из-за мягкости в основном выбирают липу, реже ольху или берёзу. Деревья обычно срубают ранней весной, снимают кору, но не полностью, чтобы во время сушки древесина не давала трещин. Затем тщательно складируют брёвна и хранят несколько лет в хорошо вентилируемом месте, чтобы они высыхали. К обработке древесины необходимо приступать тогда, когда она не сухая, но и не сырая. Самую маленькую куклу — неразборную — делают первой.

Когда «малышка» готова, мастер начинает следующую фигурку, в которую войдёт первая. Потом он повторяет процесс, делая немного большую куклу, в которую войдут две предыдущие. Количество кукол колеблется от 2 до 60. Когда готова каждая кукла, её покрывают крахмальным клеем, чтобы залить все шероховатости. После окончательной сушки и полировки гладкая поверхность позволяет художнику равномерно нанести краски.

Хохлома́ — это старинный русский народный промысел, родившийся в XVII веке неподалеку от Нижнего Новгорода. Один из наиболее известных видов русской народной живописи.

Хохлома представляет собой декоративную роспись деревянной посуды и мебели, выполненную чёрным и красным, иногда зелёным цветом по золотистому фону. Традиционные элементы Хохломы — красные сочные ягоды рябины и земляники, цветы и ветки. Нередко встречаются птицы, рыбы и звери.

В настоящее время родиной хохломы считается поселок Ковернино в Нижегородской области. Крестьяне вытачивали, расписывали деревянную посуду и везли её для продажи в крупное торговое село Хохлома (Нижегородской губернии). Отсюда и пошло название «хохломская роспись», или просто «хохлома».

Гжель — один из традиционных российских центров производства керамики. Местные изделия отличает характерная бело-синяя гамма.

Издавна деревня Гжель славилась своими глинами. Широкая добыча разных сортов глины велась здесь с середины XVII века. Самое первое упоминание о Гжели встречается в завещании Ивана Калиты 1328 года. Затем это название повторяется в духовных грамотах других князей и в завещании Ивана Грозного 1572-1578 годов.

До середины XVIII века Гжель делала обычную для того времени гончарную посуду, изготавливала кирпич, гончарные трубы, изразцы, а также примитивные детские игрушки, снабжая ими Москву. Полагают, что количество выпускаемых тогда игрушек должно было исчисляться сотнями тысяч штук в год.

К 1812 году в Гжели насчитывалось 25 заводов, выпускающих посуду. Кроме посуды, делали игрушки в виде птиц и зверей и декоративные статуэтки на темы из русского быта. Блестящие белые лошадки, всадники, птички, куклы, миниатюрная посуда расписывались лиловой, жёлтой, синей и коричневой красками в своеобразном народном стиле. Краски наносились кистью. Мотивами росписи являлись декоративные цветы, листья, травы.

С 20-х годов XIX века многие изделия расписывались только синей краской.

Вторая четверть XIX века — период наивысших художественных достижений гжельского керамического искусства во всех его отраслях. Стремясь получить тонкий фаянс и фарфор, владельцы производств постоянно совершенствовали состав белой массы. С середины XIX века многие гжельские заводы приходят в упадок, и керамическое производство сосредотачивается в руках Кузнецовых, некогда выходцев из Гжели. После революции кузнецовские заводы были национализированы. Только с середины XX века в Гжели начинается восстановление промысла. В 1930-х и 1940-х годах здесь была сосредоточена почти половина всех фарфорофаянсовых предприятий

России. Недавно Гжель отметила своё 650-летие.

Палехская миниатюра возникла на основе древнего иконописного промысла. В 20-е годы, во времена «воинствующего атеизма», промысел не умер, а переориентировался. Бывшие мастера иконописи стали изготовлять шкатулки, броши, портсигары, расписывая их в прежней манере, но наполняя новым содержанием — сценами советского быта, иллюстрациями к народным сказками, историческими и литературными сюжетами. Удивительным было сочетание этого утонченного «духовного» письма с «земным» содержанием: тракторами, бабами и красными знаменами.

Городецкая роспись, возникшая в середине XIX века, раскрывает представления народа о «хорошей жизни». Помимо цветов и животных, городецкие мастера любили изображать гуляния, чаепития, праздники и пр. Герои этих сюжетов — зажиточные крестьяне, городские жители и купцы — весёлые, богатые, щёгольски одетые.

В наше время россияне очень любят и ценят произведения народного искусства. Почти в каждом доме можно увидеть каслинскую статуэтку или городецкую кухонную дощечку, хохломскую деревянную ложку, среди детских игрушек обязательно найдутся матрёшка и расписная пирамидка. Не редкость и целые коллекции гжели, хохломы или дымковской игрушки.

Изделия народных промыслов продаются во всех туристических центрах. Уезжая из России, невозможно не увезти с собой какое-либо народное произведение. Пышные цветы и тончайшие росписи, изящные кружева или наивные забавные игрушки будут напоминать об огромной стране, о добром, щедром и талантливом народе.

Ключевые слова

- промысел (단수) / промыслы (복수)
  1) 이전 농민의 부업이었던 제諸 직업
  2) 수렵, 어로
  3) 〔복〕 채취, 채굴에 관한 기업
- токарь 선반공, 녹로공 (токарный 선반공의, 녹로공의)
- ремесло 수공업, 직업, 돈벌이
- резьба 조각(물)
- залежи (원형: залежь) 광층, 탄층, 휴경지
  〔복〕 오랫동안 방치해 둔, 사용하지 않은 물건
- лён 1) 아마 2) 〔복〕 아마밭
- кружево 1) 레이스, 2) 훤히 트여 보이는 것
- кружевоплетение 뜨개질
- полудрагоценный (광석에 대해) 준보석의
- поделочный 세공의, 수리의, 수공품의, 세공물의
- чугун 주철, 선철 (чугунный 주철의, 선철의)
- литьё 1) 주조, 형에 부어서 만드는 일 2) 주물
- вышивка 자수, 수 놓은 장식
- керамика 도자기, 도자기 제조술; 요업
- роспись 표, 목록, 벽화
- поднос 쟁반
- шаль 숄
- знать (сущ. жен.) 상류사회, 귀족사회
- знатный 양반의, 귀족의
- выточить / вытачивать 선반, 녹로로 만들다
- древесина 목질, 목재

- липа　보리수
- ольха　오리나무속
- берёза　자작나무
- кора　나무껍질, 굳은 껍질, 표면, 외관
- трещина　틈새, 균열
- полировка　연마, 광택
- рябина　마가목, 마가목 열매, 마마 자국, 반점
- земляника　딸기, 딸기과에 속하는 열매
- гончар　도공 (гончарный　도공의, 도자기의)
- завещание　유서, 유언장
- шероховатость　꺼칠꺼칠한 것 · 곳, 애로가 따르는 것
- всадник　말 탄 사람, 기수, 기사(고대 로마 및 고대 아테네의 특별계급)
- атеизм　무신론
- статуэтка　작은 조각상, (객실 등에 두는) 장식물
- национализировать　국유화하다
- иконпись　성상화술

Ключевые выражения

- народные промыслы 민속공예
- национальный характер 민족성
- глубокая древность 태고, 오랜 옛날
- снискать мировую славу 세계적 명성을 얻다
- складировать брёвна 통나무를 창고에 넣다
- хорошо вентилируемый 통풍이 잘되는, 환기가 잘 되는
- крахмальный клей (세탁물에 대하여) 풀을 먹인
- учебное пособие 학습용 참고서
- традиционные элементы 전통적 요소
- зажиточные крестьяне 부농
- гончарная посуда 도자기 그릇
- приходить / прийти в упадок 쇠퇴하다
- щёгольски одетый 말쑥하게 옷을 입은

Вопросы к тексту

1. О чём могут рассказать произведения народного искусства?
2. От чего зависит развитие того или иного ремесла?
3. Какие русские народные промыслы снискали мировую славу?
4. Что представляет собой матрёшка?
5. Что нужно, чтобы изготовить матрёшку?
6. Кого можно изобразить в виде матрёшки?
7. Какую посуду можно назвать «хохломой»?
8. Откуда пошло название «хохлома»?
9. Чем славится Гжель?
10. Что изготавливают в Гжели?
11. Какой период считается расцветом гжельского керамического искусства?
12. Что можно рассказать о палехской миниатюре и городецкой росписи?
13. Что привозят собой туристы из России?

Выберите самое подходящее по смыслу слово

1. Произведения русского народного искусства могут .... рассказать о русском национальном характере, об истории России, о народных идеалах счастья и красоты.

   А) немного

   Б) многое

   В) многие

2. Большинство народных промыслов возникло в .... древности, их корни лежат в .... ремесле.

   А) глубокой – деревенском

   Б) глубокой – деревянном

   В) низкой – деревенском

3. В местах, где находили залежи глины, зарождалось искусство художественной ....

   А) рукописи

   Б) росписи

   В) керамики

4. Однако мировую славу .... лишь некоторые из этих народных промыслов.

   А) снимали

   Б) снискали

   В) выискали

5. Люди, которые хоть раз побывали в России, ... привозят домой русские матрёшки.

А) непременно

Б) необязательно

В) непримечательно

6. Матрёшка — это русская деревянная игрушка в виде .... куклы, внутри которой находятся подобные ей куклы .... размера.

А) расписной – большего

Б) записной – меньшего

В) роскошной – меньшего

7. Для матрёшки по традиции рисуется женщина в ...., хотя внутри может быть и мужчина.

А) рубашке

Б) сарафане

В) кафтане

8. Хохлома представляет собой декоративную .... деревянной посуды и мебели, выполненную чёрным и красным, иногда зелёным цветом по .... фону.

А) роспись – золотистому

Б) роспись – золотошвейному

В) рукопись – золотоносному

9. Издавна деревня Гжель славилась своими ....

А) глинами

Б) глистами

В) глубинами

10. Полагают, что количество выпускаемых тогда игрушек должно было .... сотнями тысяч штук в год.

А) зачисляться

Б) исчисляться

В) перечисляться

11. С середины XIX века многие гжельские заводы приходят в ...., и керамическое производство сосредотачивается в руках Кузнецовых, ... выходцев из Гжели.

А) упадок – некогда

Б) упадок – никогда

В) спад – иногда

12. Палехская миниатюра возникла на основе древнего .... промысла.

А) иконописного

Б) расписного

В) рукописного

13. Уезжая из России, невозможно не .... с собой какое-либо народное произведение.

А) привезти

Б) унести

В) увезти

Употребите слова, данные в скобках, в правильной грамматической форме

1. В лесной полосе развились токарное ремесло, резьба по (дерево или береста).
2. В России существуют десятки (разнообразные народные промыслы).
3. Слово «матрёшка» является (уменьшительная форма) от (имя) «Матрёна».
4. Считается, что русская матрёшка была выточена по (образец), привезённому из Японии после (Русско-японская война).
5. (Самая маленькая фигура), которая уже не раскладывается, является ребёнок.
6. Темы для рисования могут быть очень (разные): от (сказочные персонажи) до (политические деятели).
7. К (обработка древесины) необходимо приступать тогда, когда она не сухая, но и не сырая.
8. Самую маленькую куклу — неразборную — делают (первый).
9. После окончательной сушки и полировки гладкая поверхность позволяет (художник) равномерно нанести краски.
10. В настоящее время (родина хохломы) считается поселок Ковернино в Нижегородской области.
11. (Гжельские изделия) отличает характерная бело-синяя гамма.
12. Городецкая роспись раскрывает представления народа о (хорошая жизнь).
13. Вторая четверть XIX века — период (наивысшие художественные достижения) гжельского керамического искусства во всех его отраслях.

УРОК 6

Петербург

«Культурный код» России

Санкт-Петербург — самый северный из крупных городов мира. Одна из главных приманок для туристов — белые ночи, удивительное время с мая по июль, когда даже в полночь на улице довольно светло, и город почти не спит. Оборотная сторона — суровые зимы: то слякоть и грязь, то морозы, которые в сочетании с высокой влажностью трудно переносить.

Официально в Санкт-Петербурге белые ночи продолжаются с 11 июня по 2 июля, а период очень светлых ночей длится с 25-26 мая до 16-17 июля. Белые ночи — своеобразный символ Санкт-Петербурга. К этому времени приурочиваются различные фестивали и народные гуляния. Образ «Белые ночи» широко используется в искусстве и литературе.

Город основал Петр 1 в 1703 году. Поэтому «Медный всадник» — памятник Петру 1 — является главным символом города. На памятнике слова на русском и латинском языках: «Петру Первому – Екатерина Вторая». Петербург был столицей России в 1712-1918 годах. После революции 1917 года столица была перенесена в Москву, а позднее город был переименован в Ленинград. Сейчас он вновь называется Санкт-Петербург.

Перенос столицы в Москву в 1918 году отчасти пошел на пользу Санкт-Петербургу. Это позволило сберечь удивительно высокий процент старой застройки. Несмотря на Великую отечественную войну и блокаду, в которой вымерла большая часть населения города, здания остались практически нетронутыми.

Именно поэтому Петербург называют «городом-музеем» — здесь множество архитектурных ансамблей, музеев и памятников. И нет места в мире, где сохранилось бы столько архитектурных объектов неоклассики, эклектики, модерна, ретроспективизма. Исторический центр Петербурга и пригородные дворцы внесены ЮНЕСКО в Список всемирного наследия. Самый известный музей Петербурга — это Эрмитаж. Он занимает Зимний Дворец на Дворцовой площади. В Эрмитаже собрана одна из крупнейших мировых коллекций произведений искусства и мировой культуры с каменного века и до нашего времени, насчитывающая около трёх миллионов экспонатов.

Санкт-Петербург расположен на Балтийском море и реке Неве. По количеству мостов — а их здесь более 300 — Санкт-Петербург является лидером в Европе. Однако окрестности Невы, главной водной артерии Санкт-Петербурга, столетиями считались гиблым местом: опустошительные наводнения, мерзкий ветер, комары… Действительно, город нередко подвергался наводнениям. Чаще всего они бывают осенью, при ураганных западных ветрах. За все время существования города Нева более 300 раз поднималась выше своего обычного уровня. Поэтому решение Петра 1 основать здесь новую столицу казалось совершенным абсурдом. Но гений побеждает обстоятельства.

Санкт-Петербург воспринимается в России как культурная столица. Здесь каждый уголок пропитан духом исторических и культурных событий. Самый известный театр Петербурга — Мариинский театр оперы и балета. Здесь танцевала великая балерина Галина Уланова. В Петербурге жили и работали знаменитые писатели, поэты, композиторы, музыканты, архитекторы и художники: Ф.М. Достоевский, А.А. Блок, А.А. Ахматова, И.А. Бродский, П.И. Чайковский, С.С. Прокофьев и т.д.

А главная улица Петербурга — Невский проспект — неоднократно воспевалась в литературе и искусстве. Николай Гоголь писал в своем произведении «Невский проспект»: «Нет ничего лучше Невского проспекта, по крайней мере в Петербурге; для него он составляет всё. Чем не блестит эта улица — красавица нашей столицы! … А дамы! О, дамам ещё больше приятен Невский проспект. Да и кому же он не приятен? Едва только взойдешь на Невский проспект, как уже пахнет одним гуляньем».

Петербург всегда был одним из центров литературной жизни России. Здесь формировались литературные репутации, возникали новые эстетические направления, создавались многочисленные литературные общества и объединения, работали крупные типографии, издательства и публичные библиотеки, печаталась обширная литературная периодика. В XVIII веке в Петербурге появились первые литературные журналы и зародилась литературная критика.

Петербург — место действия многих произведений русской литературной классики: «Евгений Онегин», «Пиковая Дама»,

«Медный всадник», «Нос», «Шинель», «Белые ночи», «Преступление и наказание», «Петербург». В своих произведениях русские писатели запечатлели разные лики города, чей «строгий, стройный вид» восхищал и отталкивал. Петербург представал в образе пестрой толпы Невского проспекта, в призрачной красоте белых ночей, в парадном блеске столицы могущественной державы и в мрачных лабиринтах петербургских трущоб — город-призрак, город-фантом, наполненный миражами.

Ключевые слова

- привлекательность 매력
- удивительный 놀랄 만한, 훌륭한, 멋진
- довольно 상당히, 꽤, 충분히
- суровый 냉엄한, 혹독한
- слякоть, грязь 진흙, 진창
- переносить 견디다, 인내하다
- переименовывать / переименовать 개명하다
- своеобразный 독특한
- приурочивать / приурочить (что к чему) 일치시키다, 시간을 맞추다, 확정하다
- отчасти 일부분, 어느 정도
- застройка 건축물
- наследие 유물, 유산
- экспонат 진열품, 전시품
- окрестность 부근, 근방, 근처
- гиблый 전망이 없는, 쓸모 없는
- опустошительный 황폐하게 하는, 유린하는
- мерзкий 혐오감을 불러일으키는, 불쾌한
- подвергаться / подвергнуться (чему) 당하다, 받다, ~에 처하다
- ураганный 질풍 같은, 맹렬한
- абсурд 황당무계한 일, 무의미, 불합리
- запечатлевать / запечатлеть 분명히 표현하다, 형상화하다, 새기다, 명기하다
- лик 얼굴, 용모, 모습
- восхищать / восхитить 황홀하게 하다, 매혹하다
- отталкивать / оттолкнуть 밀어젖히다, 떼밀다, 멀리하다

- репутация 평판, 명성, 명예
- типография 인쇄소, 활판소
- пёстрый 얼룩의, 여러 색의, 화려한, 잡다한
- призрак(призрачный) 환상(의), 환영(의), 유령(의)
- воспевать / воспеть 칭찬하다
- лабиринт 미로
- приманка 먹이, 미끼
- сберегать / сберечь 보존하다, 저축하다
- нетронутый 손을 대지 않은, 건드리지 않은, 순결한
- неоклассицизм 신고전주의
- эклектика 절충, 절충주의
- модерн 19세기 말 및 20세기 초 문예에 나타난 데카당적 경향, 아르누보
- ретроспективизм 회고주의
- артерия 동맥, 주요 교통로, 간선
- наводнение 홍수
- комар 모기
- эстетический 미학의, 미학적인
- периодика 정기 간행물, 출판물
- трущоба 통행이 곤란한 곳, 도시 변두리, 빈민굴
- мираж 신기루, 환영

Ключевые выражения

- довольно светло   꽤 환히, 제법 환히
- оборотная сторона   이면, 다른 한편
- пойти на пользу (кому/чему?)   ~에게 이익이 되다, ~을 이롭게 하다
- совершенный (полный) абсурд   완전한 부조리
- гений побеждает обстоятельства   천재는 환경을 이긴다
- неоднократно воспеваться   여러 차례 찬미하다
- пропитан духом   영혼이 스며들어 있다
- литературная критика   문학 비평
- запечатлеть лики   모습을 형상화하다
- призрачная красота   환상적인 · 환영 같은 아름다움
- парадный блеск   화려한 광채
- могущественная держава   강력한 국가

Вопросы к тексту

1. Где находится Санкт-Петербург?
2. Чем привлекает Санкт-Петербург туристов в конце весны-начале лета?
3. Почему трудно переносить зимы в Санкт-Петербурге?
4. Кто основал Санкт-Петербург?
5. Как долго Санкт-Петербург был столицей России?
6. Когда Санкт-Петербург преименовали в Ленинград?
7. Что позволило Петербургу сберечь старую застройку?
8. Почему Петербург называют городом-музеем?
9. Чем знаменит Санкт-Петербург?
10. Почему окрестности Невы считались гиблым местом?
11. Что характерно для культурной жизни Санкт-Петербурга?
12. Как называется главная улица Санкт-Петербурга?
13. В каких произведениях русской литературной классики воспевался Санкт-Петербург?
14. Почему Петербург был центром литературной жизни России?
15. В каких произведениях Петербург был местом действия?
16. Как Петербург был описан в этих произведениях?

Выберите самое подходящее по смыслу слово

1. Одна из главных .... для туристов — белые ночи.

   А) заманок

   Б) выманок

   В) приманок

2. Петербургские суровые зимы очень трудно ....

   А) переносить

   Б) уносить

   В) приносить

3. Белые ночи — .... символ Санкт-Петербурга.

   А) своеобразный

   Б) разнообразный

   В) образный

4. После революции 1917 года столица была .... в Москву.

   А) перенесена

   Б) принесена

   В) вынесена

5. Это позволило сберечь удивительно высокий процент старой ....

   А) застройки

   Б) пристройки

   В) надстройка

6. Во время Великой отечественной войны .... большая часть населения города.

А) отмерла

Б) вымерла

В) замерла

7. В Эрмитаже собрана коллекция произведений искусства с .... века и до нашего времени.

А) кирпичного

Б) каменистого

В) каменного

8. Однако окрестности Невы, главной .... артерии Санкт-Петербурга, столетиями считались гиблым местом.

А) водной

Б) водяной

В) водянистой

9. Решение Петра I основать здесь новую столицу казалось .... абсурдом.

А) совершающим

Б) совершенным

В) завершенным

10. Гений .... обстоятельства.

А) побеждает

Б) подтверждает

В) убеждает

11. Главная улица Петербурга неоднократно .... в литературе и искусстве.

А) подпевалась

Б) напевалась

В) воспевалась

12. В своих произведениях русские писатели .... разные лики города.

А) напечатали

Б) запечатлели

В) впечатали

13. «Строгий, стройный вид» города восхищал и .... людей.

А) отталкивал

Б) сталкивал

В) заталкивал

Употребите слова, данные в скобках, в правильной грамматической форме

1. Санкт-Петербург — самый северный из (крупные города) мира.
2. Белые ночи — удивительное время с (май) по (июль).
3. Оборотная сторона — суровые зимы: то слякоть и грязь, то морозы, которые в сочетании с (высокая влажность) трудно переносить.
4. Несмотря на (Великая отечественная война и блокада) здания остались практически (нетронутые).
5. И нет места в мире, где сохранилось бы столько (архитектурные объекты) неоклассики и т.д.
6. В Эрмитаже собрана одна из (крупнейшие мировые коллекции) произведений искусства и мировой культуры с (каменный век) и до (наше время), насчитывающая около (три миллиона экспонатов).
7. Окрестности Невы (столетия) считались (гиблое место).
8. Город нередко подвергался (наводнения).
9. Чаще всего наводнения бывают осенью, при (ураганные западные ветра).
10. Нева более 300 раз поднималась выше (свой обычный уровень).
11. Решение Петра 1 основать здесь новую столицу казалось (совершенный абсурд).
12. Здесь каждый уголок пропитан (дух) исторических и культурных событий.
13. Едва только взойдешь на Невский проспект, как уже пахнет (одно гулянье). В (свои произведения) русские писатели запечатлели разные лики города.

Поставьте слова в скобках в правильной форме

1. **Несмотря (на что?)**: заявление, сроки, статистика, влияние, цены, судейство, кризис, успех, возраст, препятствия, предупреждения, ограничения, ситуация, политика, результат, запрет, ошибка, победа.
2. **Переносить (что?)**: разлука, погода, жара, холод, болезнь, страдания, заболевание, тяготы, боль.
3. **Являться (чем?)**: пример, секрет, причина, идеал, вопрос, следствие, элемент, вариант, продолжение, симптом, образец, предмет, основание, доказательство, цель, показатель, преимущество.
4. **Расположен (где?)**: посёлок, река, пешеходный центр, юг, подземный этаж, тихий район, улица, высота 150 метров, национальный парк, жилые комплексы, граница, территория, левый берег.
5. **Пропитанный (чем?)**: масло, стихи, забота, дух, ненависть, ощущение, аромат, жадность, пыль, насилие, запах, эмоция, любовь, легедна, надежда, препарат, раствор, солнце, вода.
6. **Пахнуть (чем?)**: алкоголь, краска, табак, лук, нефть, нафталин, лес, цветы.
7. **Приурочить (к чему?)**: дата, время, событие, срок, годовщина, размещение, покупка, фестиваль, вступление, празднование, Пасха, Рождество.
8. **Остаться (каким?, кем?)**: решаюший, красивый, непобеждённый, переоцененный, умеренный, сложный, нулевой, стабильный, нерешенный, важный, надёжный.
9. **Подвергаться (чему?)**: сомнение, преследования, критика, бомбардировка, изменение, гонение, наказание, допрос, нападение, опасность, воздействие, атака, проверка.

10. **Побеждать (кого/что?)**: соперник, зло, обстоятельство, трудность, кризис, время, политика, противник, болезнь.
11. **Восхищаться (кем/чем?)**: стойкость, кулинарные способности, успехи, действия, работа, воля к жизни, подход, красавица, самоотверженность, тонкость ума, умение, мудрость, мастерство, профессионализм, трудолюбие.
12. **Наполненный (чем?)**: тонкий юмор, информация, ностальгические чувства, счастье, вера, противоречия, эмоции, горячая вода, особый смысл, громкие слова, идеи, ужас.
13. **В сочетании (с чем?)**: большой запас, высокие цены, действия, мастерство, технология, развитие, продукция, хорошая экспертиза, положительные тенденции, рост, мирное наступление.
14. **Большая часть (кого/чего?)**: сумма, россияне, руководство, население, вопросы, кредит, деньги, информация, заседание, поставки, люди, жители, мировая общественность, ресурсы, спектакль, публика, средства.
15. **Список (кого/чего?)**: игроки, продукты, книги, кандидаты, компании, члены, миллионеры, лучшие легионеры, институты, политические лидеры, документы, мировое наследние, избиратели, выдающиеся писатели.
16. **Коллекция (чего?)**: книги, старинное оружие, наручные часы, буддийское искусство, одежда, цветы, колокольчики, вино, идеи, фильмы, анекдоты, свадебные платья.

История русского балета

Балет — искусство сравнительно молодое. Ему немногим более двухсот лет, хотя танец украшает жизнь человека с древнейших времён. «Отцом» современного балета считается французский артист, балетмейстер и теоретик танца Жан-Жорж Новерр (1727-1810). Теория классического балета сформулирована в знаменитой книге Новерра «Письма о танце».

Первые балетные спектакли были поставлены в Версале. Мода на классический танец быстро распространилась в Европе. Значительной вехой в истории балета стало творчество великой итальянской балерины Марии Тальони (1804-1884), которая первой встала на пуанты — специальную балетную обувь, позволяющую танцевать «на пальцах» (до этого артисты танцевали в обуви на небольшом каблуке).

XIX век — век романтизма в искусстве, в том числе и в искусстве балета. Тогда балет был преимущественно искусством женским, танцовщику отводилась вспомогательная роль кавалера балерины, поддерживающего ее во время пируэтов и вращений.

В эпоху балетного романтизма изменился и сценический костюм. Если раньше танцовщица выходила на сцену в тяжелых кринолинах и фижмах, то Мария Тальони первой стала выступать в атласном белом лифе и прикреплённой к нему легкой юбке, сшитой из нескольких слоёв тонкого тюля. Такой костюм, названный тюникой, впервые представленный публике великой балериной в балете «Сильфида», выигрышно подчеркивал легкость и воздушность танца.

Менее громоздким стал и мужской костюм: панталоны в обтяжку до колен, чулки и короткий пиджак позволяли танцовщику свободнее двигаться. Балетмейстеры стали ставить для танцовщиков значительно больше сольных номеров. Так что без преувеличения можно сказать, что реформа балетного костюма неразрывно связана с развитием и совершенствованием техники классического танца.

В России первый балетный спектакль — «Балет об Орфее и Евридике» — был поставлен 8 февраля 1673 года при дворе царя Алексея Михайловича. Церемонные и медлительные танцы состояли из смены изящных поз, поклонов и переходов, чередовавшихся с пением и сценической декламацией. Только спустя четверть века, благодаря реформам Петра I, музыка и танец стали неотъемлемой частью русского быта. В высших и средних учебных заведениях — светских и военных — танец стал обязательным предметом. Ассамблеи, введённые Петром I, получили широкое распространение и стали называться балами. Не уметь танцевать для светского образованного человека в России в XIX веке было так же немыслимо, как не знать французский язык.

В 1738 году в Санкт-Петербурге открылась первая в России профессиональная балетная школа — Императорское хореографическое училище. Ведущие партии в балетах исполняли тогда приглашённые балерины-гастролёрши, главным образом, итальянки. Русские артисты танцевали в кордебалете и исполняли небольшие сольные партии в балетных спектаклях. Балетное образование в России с первых лет было поставлено на высокий уровень, и вскоре русские артисты, выпускники Санкт-Петербургского хореографического училища — А. Истомина, Е. Телешова, А. Глушковский — стали исполнять ведущие партии в балетных спектаклях Императорского театра.

“Золотой век” русского балетного театра связан с именем выдающегося танцовщика, педагога и балетмейстера Мариуса Петипа. Приехав в юности танцовщиком-гастролёром в Россию, Мариус Петипа вскоре стал не только первым танцовщиком Императорского театра оперы и балета, но и балетмейстером. На сцене Императорского театра Мариус Петипа поставил более пяти десятков балетных спектаклей, среди которых “Корсар”, “Баядерка”, “Дочь фараона”, “Дон-Кихот”, “Раймонда”, “Эсмеральда” и многие другие балетные спектакли, по праву признанные классикой балетного театра и являющиеся до сих пор украшением репертуара многих балетных трупп мира.

Вершиной творчества Мариуса Петипа по праву считаются балеты, созданные им в содружестве и на музыку великого русского композитора Петра Чайковского — “Лебединое озеро”, “Спящая красавица”, “Щелкунчик”. Балеты Чайковского-Петипа были новаторскими для своего времени, так как прежде хореографические спектакли не ставились на симфоническую музыку.

Петипа разработал и воплотил на сцене так называемые “спектакли большого стиля" — многоактные балетные спектакли с большим количеством сольных, дуэтных и кордебалетных танцев. В спектаклях балетмейстера принимала участие не только почти вся труппа, но и учащиеся Хореографического училища (Мариус Петипа, что редкость для балетмейстеров, умел и любил ставить танцы для детей).

На рубеже XIX и XX веков русский балетный театр достиг своего расцвета и завоевал лидирующее положение в мире. В репертуаре было более шестидесяти одноактных и многоактных спектаклей.

Уникальный русский балет сформировался на основе синтеза отечественных и западноевропейских хореографических традиций, вобрав и творчески преобразовав высшие достижения мировой хореографии. Ведущие партии в спектаклях на рубеже веков танцевали выдающиеся русские балерины и танцовщики — Матильда Кшесинская, Ольга Преображенская, Анна Павлова, Николай Легат, Павел Гердт, вытеснившие иностранных гастролёров. Расцвет искусства в России на рубеже XIX и XX веков, получивший название Серебряного века, поиски новых смысловых и стилистических решений, не оставили в стороне и балет. Молодому поколению балетмейстеров и артистов стало тесно в жёстких рамках балетного академизма. И тогда молодые балетмейстеры-реформаторы — Михаил Фокин в Санкт-Петербурге и Александр Горский в Москве — попытались преодолеть балетную условность. Их спектакли представляли собой синтез трёх искусств — музыки, живописи и хореографии.

К созданию новых балетных спектаклей были привлечены многие выдающиеся русские художники того времени, Александр Бенуа, Лев Бакст, Николай Рерих, Константин Коровин, Александр Головин. Никогда прежде роль художника в создании балетного спектакля не была столь значительна. В спектаклях молодых балетмейстеров наиболее ярко раскрылся талант многих молодых артистов — Анны Павловой, Тамары Карсавиной, Вацлава Нижинского.

В 1909 году в парижском театре “Шатле” состоялись триумфальные выступления русских артистов оперы и балета — «Русские сезоны» Сергея Дягилева. Парижская публика была потрясена спектаклями в постановке Михаила Фокина. Оперно-балетные «Сезоны Дягилева» в Европе и Южной Америке изменили отношение к искусству балета в целом. Стоит упомянуть, что неутомимый миссионер балета Анна Павлова побывала в таких уголках земного шара, где до выступлений её труппы не имели представления о том, что такое классический балет.

Многие выдающиеся артисты и хореографы XX века имеют русские корни и получили профессиональное образование в России — Ольга Спесивцева, Леонид Мясин, Жорж Баланчин, а позднее — Рудольф Нуриев, Михаил Барышников, Наталья Макарова... В балетном театре значительная роль принадлежит педагогу, так как артист балета, без преувеличения, учится всю жизнь: сначала у преподавателей в хореографическом училище, а позже, придя в театр, у педагога-репетитора, который ведёт ежедневные занятия в мастер-классе и репетирует с артистом партии в балетных спектаклях и концертные номера. Выдающиеся педагоги двух старейших хореографических училищ страны — Санкт-Петербургского (Ленинградского) и Московского — Агриппина Ваганова, Екатерина Гердт, Федор Лопухов, Леонид Лавровский воспитали многие поколения выдающихся российских артистов балета, среди которых такие звёзды отечественного и мирового балета как Галина Уланова, Майя Плисецкая, Наталья Дудинская, Екатерина Максимова, Константин Сергеев, Владимир

Васильев, Светлана Захарова, Мария Александрова, Ульяна Лопаткина, Диана Вишнева…

В России сегодня артистов балета готовят 16 государственных хореографических училищ, балетмейстеров и педагогов — 7 высших учебных заведений. Русская классическая балетная школа по-прежнему занимает лидирующее положение в мире, сегодня российские артисты балета и педагоги работают почти во всех балетных труппах Европы, Азии, Северной и Южной Америки, Австралии.

Говоря о российско-корейских связях в области балета, следует отметить, что они имеют давние традиции. В разные годы в Корее преподавали выдающиеся российские педагоги Суламифь Мессерер, Ольга Лепешинская, Владлен Семенов. В Московском академическом хореографическом училище проходили обучение и стажировку юные корейские танцовщики. Артисты балета из Кореи принимали участие в московских международных конкурсах и становились его лауреатами.

Ключевые слова

- балетмейстер 발레 안무가
- веха (보통 복수로) 중요한 계기나 단계
- кавалер 기사, 호위자, 춤 파트너
- преимущественный 우월한, 탁월한
- пуанты 토슈즈
- публика 관객
- тюль (남) 견 레이스
- совершенствование 완성
- церемонный 격식 차린, 예의 바른, 딱딱한
- изящный 세련된, 정제된
- чередоваться 교체하다, 순번으로 하다
- декламация (시 따위의) 예술적인 낭독, 낭독법
- неотъемлемый 떼어놓을 수 없는
- светский 상류사회, 사교계의
- распространение 확산
- гастролёр 객연배우
- кордебалет 코르 드 발레(corps de ballet, 발레단 중에서 솔로를 추지 않는 무용수들을 가리키는 집단적인 명칭)
- танцовщик, танцовщица 무용수
- труппа (배우, 곡예사 등의) 일단一團, 한 패
- академизм 아카데미즘
- новаторский 혁신적인
- воплощать / воплотить (кого-что / в ком-чём) 체현하다, 실현하다, 구상화하다
- одноактный, многоактный 단막극의, 장막극의

- синтез 종합
- условность 조건성, 제약성
- стажировка 견습, 실습
- земной шар 지구
- заведение 시설, 시설물 (учебное заведение 학교)
- каблук (구두 등의) 굽
- вспомогательный 조력하는, 원조의, 종속적인, 보조적인
- пируэт (발레의) 발끝으로 돌기
- кринолин (고래 수염 따위로 부풀린) 넓은 스커트
- фижмы 속에 고래뼈로 된 테를 둘러서 퍼지게 한 치마, 또는 그 테
- выигрышно 효과적으로, 인상적으로
- громоздкий 거추장스러운
- чулки(мн.ч) = чулок (ед.ч. имен. пад./мн. ч. род. пад.) 긴 양말(통상 무릎 위까지 오는)
- пиджак 신사복 상의
- сольный 솔로의, 독주 · 독창의
- неразрывно 끊을 수 없는, 지울 수 없는, 변하지 않는
- ассамблея 야회, 회의, 총회
- неутомимый 지치지 않는

Вопросы к тексту

1. Кто считается «отцом» современного балета?
2. Где были поставлены первые балетные спектакли?
3. Что такое пуанты?
4. Как изменился балетный костюм в эпоху романтизма?
5. Почему реформа балетного костюма неразрывно связана с развитием техники танца?
6. Когда был поставлен первый в России балетный спектакль?
7. Где и когда открылась первая в России профессиональная балетная школа?
8. С каким именем связан «золотой век» русского балетного театра?
9. Какие балеты считаются вершиной творчества Мариуса Петипа?
10. Что такое «спектакли большого стиля»?
11. На какой основе сформировался уникальный русский балет?
12. В чем заключалось новаторство Михаила Фокина и Александра Горского?
13. Чем знаменита Анна Павлова?
14. Кому принадлежит значительная роль в балетном театре и почему?
15. Назовите выдающихся российских педагогов балета.
16. Назовите известных российских артистов балета.
17. Расскажите о российско-корейских связях в области балета.

Выберите самое подходящее по смыслу слово

1. Танец .... жизнь человека с древнейших времён.

   А) облегчает

   Б) сокращает

   В) украшает

2. Танцовщику .... вспомогательная роль кавалера балерины.

   А) отводилась

   Б) приводилась

   В) доводилась

3. Такой костюм .... подчеркивал легкость и воздушность танца.

   А) успешно

   Б) невыгодно

   В) выигрышно

4. Она выступала в атласном белом лифе и .... к нему легкой юбке.

   А) скрепленной

   Б) закрепленной

   В) прикрепленной

5. Менее .... стал и мужской костюм.

   А) громоздким

   Б) громким

В) грузным

6. Церемонные танцы .... из смены изящных поз, поклонов и переходов.

   А) составили

   Б) стояли

   В) состояли

7. Музыка и танец стали .... частью русского быта.

   А) необходимой

   Б) неотъемлемой

   В) неотразимой

8. Не уметь танцевать для .... образованного человека в России в XIX веке было так же немыслимо, как не знать французский язык.

   А) советского

   Б) светового

   В) светского

9. Мариус Петипа поставил более пяти десятков балетных спектаклей, по праву .... классикой балетного театра.

   А) узнанных

   Б) признанных

   В) познанных

10. Прежде хореографические спектакли не .... на симфоническую музыку.

А) ставились

Б) выставлялись

В) доставлялись

11. Петипа .... и воплотил на сцене так называемые “спектакли большого стиля”.

А) доработал

Б) разработал

В) заработал

12. На рубеже XIX и XX веков русский балетный театр достиг своего расцвета и завоевал лидирующее .... в мире.

А) расположение

Б) предположение

В) положение

13. Расцвет искусства в России на рубеже XIX и XX веков не оставили в .... и самое консервативное из искусств — балет.

А) стороне

Б) стране

В) строке

14. В спектаклях молодых балетмейстеров наиболее ярко .... талант многих молодых артистов.

А) скрылся

Б) закрылся

В) раскрылся

15. Педагог-репетитор ведет .... занятия в мастер-классе.

А) ежедневные

Б) еженедельные

В) ежегодные

16. В России сегодня артистов балета готовят 16 государственных хореографических училищ – 7 .... учебных заведений.

А) высоких

Б) высших

В) высочайщих

17. Говоря о российско-корейских связях в области балета, следует .... , что они имеют давние традиции.

А) отметить

Б) пометить

В) приметить

18. В Московском академическом хореографическом училище .... обучение и стажировку юные корейские танцовщики.

А) выходили

Б) проходили

В) сходили

Употребите слова, данные в скобках, в правильной грамматической форме

1. Балету немногим более (двести) лет.
2. Танец украшает жизнь человека с (древнейшие времена).
3. Пуанты, это специальная балетная обувь, позволяющая танцевать на (пальцы).
4. (Танцовщик) отводилась вспомогательная роль кавалера балерины.
5. Раньше танцовщица выходила на сцену в (тяжелые кринолины и фижмы).
6. Реформа балетного костюма неразрывно связана с (развитие и совершенствование) техники классического танца.
7. Церемонные танцы состояли из смены (изящные позы, поклоны и переходы), чередовавшихся с (пение и сценическая декламация).
8. Только спустя четверть века, благодаря (реформы Петра I), музыка и танец стали (неотъемлемая часть) русского быта.
9. В (высшие и средние учебные заведения) танец стал (обязательный предмет).
10. Ведущие партии в балетах исполняли тогда приглашённые балерины, (главный образ), итальянки.
11. "Золотой век" русского балетного театра связан с (имя) выдающегося танцовщика.
12. На сцене Императорского театра Мариус Петипа поставил более (пять десяток) балетных спектаклей.
13. Балеты Чайковского-Петипа были новаторскими для (свое время), так как прежде хореографические спектакли не ставились на (симфоническая музыка).

14. В (спектакли) балетмейстера принимала участие не только вся труппа, но и учащиеся Хореографического училища.
15. Русский балетный театр достиг (свой расцвет).
16. В репертуаре было более (шестидесять) одноактных и многоактных спектаклей.
17. (Молодое поколение) балетмейстеров и артистов стало тесно в (жёсткие рамки) балетного академизма.
18. К (создание) новых балетных спектаклей были привлечены многие выдающиеся русские художники.
19. Парижская публика была потрясена (спектакли) в постановке Михаила Фокина.
20. В балетном театре значительная роль принадлежит (педагог).
21. Артисты балета из Кореи принимали участие в (московские международные конкурсы).

Поставьте слова в скобках в правильной форме

1. **Связан (с чем, кем?)**: переговоры, убийство, иностранцы, коррупция, общественная деятельность, отказ, глобальное потепление, нарушение закона, финансы, онкологические заболевания, развитие технологии.
2. **Состоять (из кого/из чего?)**: новые ракеты, три автономии, мясо, российские бизнесмены, местные игроки, два фильма, профессионалы, композиционные материалы, четыре части.
3. **Чередоваться (с чем?)**: пасмурные дни, голос, жара, дождь, заморозки, непродолжительные периоды потепления, разочарования, мокрый снег, упражнения.
4. **Принимать участие (в чем?)**: турнир, заседание, международный конкурс, выставка, совещание, церемония, конференция, сессия, проект, открытие, выездный матч, мероприятие.
5. **Достичь (чего?)**: желаемый результат, цель, соглашение, высокие показатели, рекордная сумма, максимальное значение, поверхность, снижение расходов, успех.
6. **Привлекать (к чему?)**: работа, ответственность, реализация, перспективное планирование, сотрудничество, переговоры, финансирование, распространение.
7. **Спустя (кокое время?)**: пара часов, два года, некоторое время, неделя, много лет, пять месяцев.
8. **Благодаря (чему?)**: усилия, позитивная статистика, продажа, хорошее настроение, поддержка, любовь, дружба, командный дух, программа, погода, реформирование, рост, реклама.
9. **Признать (кого кем?)**: победитель, лучший артист, виновный,

лидер, экстремист, пират, узник совести, женщина года, мошенник, эксперт, убийца, жертва, самый грамотный.

10. **Преобразовать (что?)**: текст, бизнес, жизнь, процессы, технические характеристики, предмет, цифровые сигналы, фильм, различные форматы.
11. **Отношение (к кому/к чему?)**: политика, люди, иностранцы, критика, животные, еда, смех, болезнь, семья, выборы, смертная казнь, друзья, наркотики, инвалиды, демократия, пиратская продукция, дети.
12. **Представление (о ком/о чем?)**: психология, культура, внешность, крепость, гармония, стресс, жизнь, космос, инопланетяне, женственность, будущее, любовь, судьба, время, бытовая техника, природа, Бог.
13. **Проходить (что?)**: тесты, собеседование, медицинское обследование, процедура, курс лечения, экзамен, таможенный досмотр, испытание, сертификация, квалификация, обучение, альтернативная служба.

Русский цирк

Что такое цирк? Почему все его так любят? Цирк — это праздник, где человек получает незабываемые впечатления, которые остаются в памяти на всю жизнь. В цирке артисты задорно танцуют и по-детски веселятся и охотно делятся со зрителями своим всегда хорошим настроением.

Несомненно, цирк можно отнести к особой области искусства, в которой артисты добиваются удивительных результатов. Эти замечательные люди подчиняют себе львов, тигров, крокодилов, они умеют заставить свое тело выполнять любое приказание разума. В цирке демонстрируются смелость и сила, ловкость и гибкость. Весь этот праздник проходит под веселые звуки оркестра, в ярком свете прожекторов, в каскаде аплодисментов.

Интересна история русского цирка. Русский цирк родился на площади и вобрал в себя разные виды народного искусства. На гуляньях и ярмарках много сотен лет тому назад можно было встретить гимнастов, акробатов, жонглёров, наездников, силачей, фокусников и клоунов. На ярмарки (особенно на Нижегородскую), где шла бойкая торговля, стекались актеры со всего света. Их называли на Руси скоморохами и балаганщиками.

Скоморохи на народных гуляниях и ярмарках исполняли комические сцены, показывали дрессированных медведей и собак, использовали приемы акробатики и жонглирования. А балаган — народное театральное зрелище комического характера. Жанры и стиль балаганных зрелищ были разнообразны. Еще в 30-х годах XX века на рынках многих российских городов можно было увидеть дощатый балаган и услышать знаменитого русского Петрушку. Именно скоморохи и балаганщики положили начало искусству эстрады и цирка.

В России всегда и во все времена любили цирк, так как именно он отражает жизнь во всём её многообразии и богатстве. Главным персонажем русского цирка является клоун. В сатирической форме цирк боролся против всего косного, глупого, мешающего людям быть счастливыми. Цирк стремился не только веселить, но и поучать своих зрителей. Поэтому он был понятен и доступен всем — от дворянина до простого мальчишки. Каждый видел в клоуне часть самого себя.

Сегодня самые известные цирки — это Московский цирк Никулина на Цветном бульваре и цирк на проспекте Вернадского.

Московский цирк Никулина на Цветном бульваре — один из старейших российских цирков, основанный более ста лет назад. Вместимость цирка — 2000 человек. Об этом цирке знают все, от мала до велика, в России и за рубежом, ведь на его арене выступали звёзды циркового искусства. Они удивляли и потрясали своими номерами.

Самой большой звездой, которую Московский цирк подарил миру, стал знаменитый клоун, артист Юрий Никулин. Зачастую только ради Никулина люди брали билеты в цирк. В 1985 году состоялось последнее представление в старом здании цирка. После этого его сломали, чтобы возродить вновь в 1989 году. Тогда состоялось феерическое открытие нового здания программой «Здравствуй, Старый цирк!».

Второй цирк — на проспекте Вернадского или Большой Московский цирк. Он является самым большим цирком в мире. Его зрительный зал рассчитан на 3400 зрителей. Каждое шоу Большого Московского цирка уникально и радует чем-то необычным. Так, в одном из спектаклей есть единственный в мире номер с дрессированными ежами. Оказывается, эти маленькие "колючки" способны взлетать в воздух и приземляться на воздушный шарик, тащить маленькую тележку с цветами. Обязательно нужно посетить этот цирк тем, кто любит номера с дрессированными животными. Ни дети, ни взрослые не останутся равнодушными.

В годы перестройки и последовавших не слишком удачных экономических реформ российский цирк столкнулся с особенно сложными проблемами. Но вопреки всем трудностям российский цирк живет и совершенствуется, выдвигает молодых талантливых исполнителей. Представления русского цирка продолжают пользоваться стабильным успехом и за рубежом, так как язык цирка без переводчиков понятен жителям всех стран и континентов.

Русский цирк по праву считается одним из лучших цирков мира и его двери всегда гостеприимно распахнуты, а зрителя ожидает незабываемое цирковое представление, полное удивительных, завораживающих цирковых номеров.

Ключевые слова

- задорный 성마른, 싸움을 좋아하는, 걸핏하면 싸우는, 도전적인
- охотно 기꺼이, 흔쾌히
- настроение 기분
- подчинять / подчинить 복종하게 하다
- разум 이성
- гимнаст 곡예사, 체조 선수
- акробат 곡예사, 줄타기꾼
- жонглёр (공 던지기) 곡예사
- наездник 곡마사, 기수, 말 조련사
- силач 역사力士
- фокусник 마술사
- скоморох (고대 러시아의) 유랑 악사나 배우, 광대, 익살꾼
- балаган 시골의 민간 연극, 광대놀음
- балаганщик 희극 배우, 어릿광대, 익살꾼
- гулянья 산보, (집 밖에서의) 유락, 행락
- ярмарка (정기적으로 서는) 장
- многообразие 다종, 다양
- косный 둔감한, 침체된, 구식의
- ёж 고슴도치
- телега, тележка (손)수레
- перестройка 페레스트로이카, 개혁
- гостеприимный 손님을 좋아하는, 손님을 후하게 대접하는
- завораживающий 마법을 거는, 매료시키는, 현혹하는
- совершенствоваться 향상하다, 완성되다
- стекаться / стечься 합류하다, 모이다, 고이다

• сталкиваться/столкнуться 부딪히다, 만나다

Ключевые выражения

• со всего света 전 세계에서, 방방곡곡에서, 곳곳에서, 사방에서

• незабываемые впечатления 잊지 못할 인상

• остаться в памяти 기억에 남다

• добиваться результатов 결과를 얻다

• отражать жизнь 삶을 반영하다

• от мала до велика 아이부터 어른까지

• феерическое открытие 환상적인 개관식

• вопреки всем трудностям 모든 어려움에도 불구하고

• по праву считаться 응당 ~라고 여겨지다

• остаться равнодушным 무관심하게 있다

• пользоваться успехом 성공을 거두다

Вопросы к тексту

1. Почему цирк можно отнести к особой области искусства?
2. Где родился русский цирк?
3. Кого можно было встретить на гуляньях и ярмарках?
4. Что такое балаган?
5. Почему в России всегда любили цирк?
6. Кто является главным персонажем русского цирка?
7. Почему цирк понятен и доступен всем?
8. Какие сегодня самые известные цирки в России?
9. Кто такой Юрий Никулин?
10. Какой самый большой цирк в мире?
11. Назовите уникальное шоу Московского цирка.
12. Когда российский цирк столкнулся с проблемами?
13. Почему русские цирки продолжают пользоваться успехом и за рубежом?

Выберите самое подходящее по смыслу слово

1. В цирке человек получает впечатления, которые .... в памяти на всю жизнь.

   А) стоят

   Б) отстают

   В) остаются

2. В цирке артисты охотно .... со зрителями своим всегда хорошим настроением.

   А) делятся

   Б) выделятся

   В) разделятся

3. Цирк можно отнести к особой области искусства, в которой артисты .... удивительных результатов.

   А) добиваются

   Б) сбиваются

   В) отбиваются

4. Эти замечательные люди .... себе львов, тигров, крокодилов.

   А) подчиняют

   Б) начинают

   В) причиняют

5. Они умеют заставить свое тело выполнять любое .... разума.

   А) приказание

Б) наказание

В) заказ

6. Русский цирк .... в себя разные виды народного искусства.

А) выбрал

Б) вобрал

В) отобрал

7. На ярмарки в России шла .... торговля.

А) бойкая

Б) боевая

В) бойцовская

8. На ярмарки в России .... актеры со всего света.

А) протекали

Б) вытекали

В) стекались

9. Скоморохи на народных гуляниях и ярмарках .... комические сцены.

А) исполняли

Б) дополняли

В) пополняли

10. Балаган - народное театральное зрелище .... характера.

А) космического

Б) комического

В) комедийного

11. Цирк отражает жизнь во всём её .... и богатстве.

А) своеобразии

Б) многообразии

В) однообразии

12. .... Московского цирка – 2000 человек.

А) заместимость

Б) совместимость

В) вместимость

13. На арене Московского цирка .... звёзды циркового искусства.

А) поступали

Б) выступали

В) вступили

14. Его зрительный зал .... на 3400 зрителей.

А) рассчитан

Б) подсчитан

В) засчитан

15. ...., эти маленькие "колючки" способны взлетать в воздух и приземляться на воздушный шарик.

А) заказывается

Б) указывается

В) оказывается

16. Ни дети, ни взрослые не .... равнодушными.

А) останутся

Б) отстанут

В) остановятся

17. В годы .... экономических реформ российский цирк столкнулся с особенно сложными проблемами.

А) последовательных

Б) преследующих

В) последовавших

18. Вопреки всем трудностям российский цирк живет и совершенствуется, ... молодых талантливых исполнителей.

А) задвигает

Б) сдвигает

В) выдвигает

Употребите слова, данные в скобках, в правильной грамматической форме

1. Незабываемые впечатления остаются в памяти на (вся жизнь).
2. В цирке артисты охотно делятся со зрителями (свое хорошее настроение).
3. Цирк можно отнести к (особая области искусства), в которой артисты добиваются (удивительные результаты).
4. Весь этот праздник проходит под (веселые звуки оркестра), в (яркий свет прожекторов), в (каскад аплодисментов).
5. Русский цирк вобрал в себя (разные виды народного искусства).
6. На гуляньях и ярмарках много (сотни лет) тому назад можно было встретить (гимнасты, акробаты, жонглёры, наездники, силачи, фокусники и клоуны).
7. Скоморохи на (народные гуляния и ярмарки) показывали (дрессированные медведи и собаки).
8. На рынках (многие российские города) можно было увидеть дощатый балаган.
9. Скоморохи и балаганщики положили начало (искусство эстрады и цирка).
10. В России всегда и во все времена любили цирк, так как именно он отражает жизнь в (все её многообразие и богатство).
11. (Главный персонаж) русского цирка является клоун.
12. Цирк боролся против (все косное, глупое, мешающее) людям быть счастливыми.
13. Цирк был понятен и доступен (все).
14. Московский цирк — один из (старейшие российские цирки),

основанный более (сто лет) назад.

15. Они удивляли и потрясали (свои номера).
16. Зачастую только ради (Никулин) люди брали билеты в цирк.
17. Каждое шоу цирка уникально и радует (что-то необычное).
18. Обязательно нужно посетить этот цирк (те), кто любит номера с (дрессированные животные).
19. Ни дети, ни взрослые не останутся (равнодушные).
20. Российский цирк столкнулся с (сложные проблемы).
21. Вопреки (все трудности) российский цирк живет и совершенствуется.
22. Русский цирк пользуется (стабильный успех) и за рубежом, так как язык цирка без переводчиков понятен (жители) всех стран.
23. (Зритель) ожидает незабываемое цирковое представление, полное (удивительные, завораживающие цирковые номера).

Поставьте слова в скобках в правильной форме

1. **Делиться (чем?)**: секреты, полезные советы, откровения, опыт, подробности, технологии, история, доход, планы, информация, успех, впечатления, мудрость, прибыль, идеи, мнение.
2. **Выполнить (что?)**: поставленные задачи, контрольная работа, желание, обязанность, условие, план, договорённость, требования, двойная роль, приказ, рекомендация, задание, обязательство.
3. **Исполнять (что?)**: обязанность, решение, закон, общественная миссия, музыкальное произведение, роль, приговор, мечта, наказ, песня, штрафной удар.
4. **Положить начало (чему?)**: реконструкция, развод, новое направлнеие, исследование, музыкальная карьера, военный конфликт, разгром соперника, строительство, традиция.
5. **Бороться (против чего?)**: расизм, распространие наркотиков, несправедливость, преступление, рак, злоупотребления власти, незаконная застройка, нарушения на выборах, пиратство, терроризм, коррупция.
6. **Открытие (чего)**: церемония, школа, фирма, граница между двумя государствами, производство, соревнование, рынок, учебный центр, салон, выставка, заседание, собственное дело, морское сообщение, форум.
7. **Рассчитан (на кого/что?)**: 80 мест, 5 дней, 200 человек, оказание помощь, обслуживание, деловое общение, молодёжная аудитория, долгосрочная перспектива, реализация, обеспечение, ежегодное производство.
8. **Удивить (чем?)**: стабильность, длительность, красота, цинизм,

работа, поступки, приготовленное блюдо, старые здания, новая технология, темпы роста, высокая результативность.

9. **Радовать (чем?)**: блестящая игра, качество, появление новой модели, хорошая работа, многообразие, подарки, низкие цены, новинки, победы.
10. **Вопреки (чему?)**: закон, финансовые проблемы, поговорка, благословение, неблагоприятные прогнозы, ожидания, распротранённое мнение, воля правообладателя, слухи, обыкновение.
11. **Пользоваться (чем?)**: большой спрос, известность, популярность, услуги, поддержка, успех, заслуженная слава, авторитет, доверие.
12. **Полный (чего?)**: интереснейшие идеи, решимость, загадки, сюрпризы, юмор, творческие силы, энергия, оптимизм, неожиданности, хорошие качества, примеры, предложения.

УРОК 9

Русский язык в современном мире

Современное языковое состояние мира характеризуется двумя разнонаправленными процессами: развитием национальных языков и всё большим распространением нескольких языков в качестве средств широкого интернационального общения.

На Земле существует более трех тысяч языков. При этом половина человечества говорит на семи языках, которые вправе считаться мировыми языками.

Мировой язык характеризуется, прежде всего, глобальностью распространения. Лидирует в настоящее время английский язык — для пятисот миллионов человек он является родным или вторым языком, ещё свыше миллиарда человек владеют им как иностранным. На втором месте — китайский язык, на третьем — испанский. К числу мировых языков относятся также французский, арабский, португальский и язык хинди.

Что касается русского языка, то он занимает четвёртое место по распространённости в мире, родным его считают более двухсот миллионов человек, из них сто тридцать миллионов живут на территории России. Число людей, использующих русский в качестве первого или второго языка, оценивается приблизительно в триста — триста пятьдесят миллионов.

Остаётся спорным вопрос о том, падает ли в последние десятилетия влияние русского языка в мире. Языковая ситуация на постсоветском пространстве, где до распада СССР русский язык служил средством межнационального общения, весьма противоречива, и здесь можно выявить самые различные тенденции.

Например, в Беларуси, Казахстане и Киргизии судьба русского языка не вызывает никакого беспокойства. Там большинство населения говорит по-русски в повседневном общении.

В Грузии и Армении русский имеет статус языка национального меньшинства, при этом хорошо говорит по-русски достаточно заметная доля населения.

В Узбекистане, Таджикистане и Туркмении русский язык используется меньше, нежели в соседних Казахстане и Киргизии. Но во всех этих трёх государствах русским языком владеет большая часть городского населения. Разговаривая между собой на родном языке, многие переходят на русский в общении с представителями национальных меньшинств.

Итак, хотя роль национальных языков на постсоветском пространстве возросла, русский продолжает оставаться языком науки, культуры и межнационального общения. Русскоязычный Интернет занимает четвёртое место в мире по числу пользователей. Таким образом, русский язык вполне закономерно является одним из официальных языков ООН.

С другой стороны, в последнее время русский язык столкнулся с серьёзными проблемами, в том числе такими, как сокращение русскоязычного контингента, возникновение большого числа англицизмов и жаргонизмов, распространение неправильного произношения и т.д. Нельзя не признать, что сниженная лексика вошла в повседневную речь многих говорящих по-русски.

Конечно, специалисты этим обеспокоены. Как заявила Людмила Вербицкая, президент Международной ассоциации преподавателей русского языка и литературы: «Проблема сохранения русского языка — это проблема безопасности нашего государства».

Правительство РФ объявило 2007 год Годом русского языка. В ходе его проведения было организовано около тысячи мероприятий — как внутри страны, так и за рубежом. Специалисты обсуждали проблемы сохранения и развития русской речи, расширения её роли в международной политической, общественной и научной жизни.

Главной задачей для русистов в России стала популяризация русского языка как национального культурного достояния. Ведь русский язык, сохраняя свою уникальность и идентичность на протяжении громадного пространства и длительного времени, вобрал в себя богатства языков Запада и Востока, освоил греко-византийское, латинское, восточное и старославянское наследие.

В том же 2007 году президент РФ Владимир Путин подписал указ о создании фонда «Русский мир», целью которого является сохранение, распространение и популяризация русского языка и культуры в России и за рубежом.

Фонд «Русский мир» берет всё лучшее из опыта других стран, которые уже давно занимаются поддержкой своих языков через такие организации как Британский совет, Международная организация франкофонии, Институт Гёте, Институт Сервантеса, Институт Данте, Институт Конфуция и другие авторитетные учреждения. Кроме того, фонд разрабатывает собственные уникальные программы в сфере языка и культуры, основанные на использовании современных технологий и прогрессивных методик.

Фонд создал сеть Русских центров за рубежом (в том числе в Корее), реализует грантовые программы, организует различные мероприятия, направленные на продвижение русского языка и культуры, ведёт информационную деятельность.

Ключевые слова

- характеризоваться (чем?)　~을 특징으로 하다, ~의 특징을 갖고 있다
- разнонаправленный　각기 다른 방향을 갖는
- межнациональный, интернациональный　민족 간의, 국제적인
- в качестве чего　~로서
- повседневный　매일의, 나날의
- лидировать　이끌다, 선두에 서다
- противоречивый　모순된, 반대의, 상반된
- употреблять/употребить　쓰다, 이용하다
- сталкиваться/столкнуться (с чем)　~과 맞닥뜨리다
- англицизм　영어식 표현, 영어로부터의 차용어
- жаргон　은어
- контингент　인원 수, 정원, 배당, 할당
- вобрать в себя　받아들이다, 흡수하다, 수용하다
- осваивать/освоить　완전히 자기 것으로 하다, 기억하다, 적응하다
- мероприятие　행사
- русист　러시아 학자
- достояние　자산, 재산, 소유물
- популяризация　보급, 대중화
- поддержка　지지, 지원, 조력, 응원
- вправе　권리가 있다, 정당하다, 이유가 있다
- зачастую　자주
- громадный　거대한, 대량의
- учреждение　기관

Ключевые выражения

- вызывать/вызвать сомнение 의심을 불러일으키다
- вправе считаться 응당 ~라고 간주되다
- спорный вопрос 논쟁적인 문제
- постсоветское пространство 포스트소비에트 공간
- выявить различные тенденции 다양한 경향을 나타내다
- вызывать беспокойство 우려되다
- национальное меньшиство 소수민족
- брать лучшее из опыта (경험한 중에서) 최선의 것을 취하다

Вопросы к тексту

1. Каково современное языковое состояние мира?
2. Чем характеризуется мировой язык?
3. Назовите основные мировые языки.
4. Какова языковая ситуация на постсоветском пространстве?
5. Каково положение русского языка в Беларуси, Казахстане и Киргизии?
6. Каково положение русского языка в Грузии, Армении?
7. Каково положение русского языка в Узбекистане, Таджикстане и Туркмении?
8. Почему русский язык является одним из официальных языков ООН?
9. С какими проблемами столкнулся русский язык в последнее время?
10. Почему обеспокоена Людмила Вербицкая, президент Международной ассоциации преподавателей русского языка и литературы?
11. Когда был год русского языка? Что прозошло в том же году?
12. Какова главная задача русистов?
13. Какова цель создания фонда «Русский мир»?

Выберите самое подходящее по смыслу слово

1. Семь языков вправе считаться .... языками.

   А) мирскими

   Б) мировыми

   В) мирными

2. .... миллиарда человек владеют английским языком как иностранным.

   А) выше

   Б) повыше

   В) свыше

3. К числу мировых языков .... также французский, арабский, португальский и язык хинди.

   А) относятся

   Б) разносятся

   В) уносятся

4. Число людей, использующих русский в качестве первого или второго языка, ... приблизительно в 300-350 миллионов.

   А) расценивается

   Б) ценится

   В) оценивается

5. .... спорным вопрос о том, падает ли в последние десятилетия влияние русского языка в мире.

А) остается

Б) достается

В) пристает

6. До .... СССР русский язык служил средством межнационального общения.

   А) распада

   Б) спада

   В) распадения

7. Русским языком .... большая часть городского населения.

   А) обладает

   Б) завладеет

   В) владеет

8. Разговаривая между собой на родном языке, многие .... на русский в общении с представителями национальных меньшинств.

   А) переходят

   Б) входят

   В) приходят

9. .... лексика вошла в повседневную речь многих говорящих по-русски.

   А) пониженная

   Б) сниженная

   В) заниженная

10. Специалисты .... проблемы сохранения и развития русской речи.

А) обсуждали

Б) осуждали

В) рассуждали

11. Главной задачей для русистов в России стала популяризация русского языка как национального культурного ....

А) достижения

Б) достоинства

В) достояния

12. Русский язык .... греко-византийское, латинское, восточное и старославянское наследие.

А) усвоил

Б) присвоил

В) освоил

13. Путин подписал .... о создании фонда «Русский мир».

А) наказ

Б) указ

В) заказ

14. Другие страны уже давно занимаются поддержкой своих языков через .... учреждения.

А) авторитетные

Б) авторитарные

В) автоматические

15. Эти мероприятия .... на продвижение русского языка и культуры.

А) поправлены

Б) отправлены

В) направлены

Употребите слова, данные в скобках, в правильной грамматической форме

1. Современное языковое состояние мира характеризуется (два разнонаправленных процесса).
2. Половина человечества говорит на 7 языках, которые вправе считаться (мировые языки).
3. Ещё свыше (миллиард человек) владеют (английский язык) как (иностранный).
4. Что касается (русский язык), то он занимает четвёртое место по (распространённость в мире).
5. Остаётся (спорный) вопрос о том, падает ли в последние десятилетия влияние русского языка в мире.
6. До распада СССР русский язык служил (средство межнационального общения).
7. В Беларуси судьба русского языка не вызывает (никакое беспокойство), там большинство населения говорит по-русски в (повседневное общение).
8. Во (все эти три государства) (русский язык) владеет большая часть городского населения.
9. С (другая сторона), в последнее время русский язык столкнулся с (серьёзные проблемы).
10. Сниженная лексика вошла в (повседневная речь).
11. Правительство РФ объявило 2007 год (Год русского языка).
12. Специалисты обсуждали проблемы расширения роли русского языка в (международная, политическая, общественная и научная жизнь).

13. (Главная задача) для русистов стала популяризация русского языка.
14. Фонд «Русский мир» берет всё лучшее из (опыт других стран), которые уже давно занимаются (поддержка своих языков).
15. Фонд разрабатывает программы в (сфера языка и культуры), основанные на (использование современных технологий и прогрессивных методик).

Поставьте слова в скобках в правильной форме

1. **Характеризоваться (чем?)**: сухой климат, интенсивный рост, следующие черты, повышенный риск, важные показатели.
2. **Владеть (чем?)**: иностранный язык, мяч, информация, способности, инициатива, титул, компьютер, обе руки, участок, огромное количество.
3. **Вызывать (что?)**: сомнение, уважение, опасение, изменение, интерес, болезнь, удивление, потребление, доверие, проблемы, подозрение.
4. **Столкнуться (с чем?)**: масса проблем, противоборство, серьёзные трудности, кризис, информация, непонимание, предложение, хамство, грубость, дополнительный риск.
5. **Разработать (что?)**: программа, схема, план, ядерное оружие, проект, новая система, стратегия развития, компьютерная игра, закон, эффективные технологии, внутренняя политика.
6. **В качестве (кого/чего?)**: кандидаты, компенсация, вознаграждение, избиратели, пример, наказание, социальный эксперимент, главный тренер, сенатор.
7. **Заниматься (чем?)**: спорт, русский язык, бизнес, политическая деятельность, самолечение, воспитание детей, исследование, медицина, сельское хозяйство.
8. **Занимать первое место (по чему?)**: налоги, итоги, объём ВВП, производство стали, количество завоёванных наград, уровень продаж, результаты исследования.
9. **Возникновение (чего?)**: идея, кризисный период, национализм, проблемы, чрезвычайные ситуации, вопрос, современная

промышленность, желание.

10. **Распространение (чего?)**: культура, вирус, достоверная информация, инфекция, европейские ценности, реклама, ядерное оружие, программа.

11. **Быть обеспокоенным (чем?)**: ситуация, состояние здоровья, судьба, падение цен на нефть, безопасность, правительственный проект, разультаты выборов, активизация исламских экстремистов.

12. **Освоить (что?)**: иностранный язык, инструмент, новая техника, алфавит, новые виды оборудования, компьютер, технология, актерское мастерство, ресурсы.

13. **Вобрать в себя (что?)**: положительный опыт, красота, тепло, энергия, древние традиции, передовые технологии, современные знания, полезная информация.

III. Общество

УРОК 10

Патриарх Кирилл возведен на престол

1 февраля 2009 года новоизбранный патриарх Московский и всея Руси Кирилл был возведён на патриарший престол и с тех пор является предстоятелем Русской Православной церкви. Под возгласы «Аксиос!» (в переводе с греческого «достоин») митрополиты Киевский и Санкт-Петербургский, держа наречённого патриарха Кирилла под руки, трижды посадили его на трон в алтаре храма Христа Спасителя. Он стал 16-м Святейшим патриархом Московским и всея Руси. В церковном календаре появилось два новых праздника: 1 февраля — день интронизации патриарха и 24 мая — день его тезоименитства.

Митрополит Кирилл родился 20 ноября 1946 года в Ленинграде в семье священника. Закончил Ленинградскую духовную семинарию и Ленинградскую духовную академию (ЛДА). В июне 1970 года ему была присуждена степень кандидата богословия. После защиты диссертации он был оставлен при академии профессорским стипендиатом, преподавателем догматического богословия и помощником инспектора

ЛДА, а также назначен личным секретарем митрополита Никодима.

В 1971 году Кирилл возведён в сан архимандрита и назначен представителем Московского Патриархата при Всемирном совете церквей в Женеве. В 1972 году Кирилл сопровождал патриарха Пимена в его поездке по странам Ближнего Востока, а также в Болгарию, Югославию, Грецию и Румынию. В декабре 1974 года назначен ректором Ленинградской духовной академии и семинарии, а в июне 1975 года — председателем епархиального совета Ленинградской митрополии. 14 марта 1976 года в Свято-Троицком соборе Александро-Невской лавры рукоположен во епископа Выборгского, викария Ленинградской епархии. 2 сентября 1977 года возведён в сан архиепископа и 5 сентября награждён памятной панагией. 26 декабря 1984 года назначен архиепископом Смоленским и Вяземским. Титул был изменён в апреле 1989 года на «Смоленский и Калининградский». Определением Священного Синода от 14 ноября 1989 года Кирилл назначен председателем Отдела внешних церковных сношений и постоянным членом Синода по должности. В сан митрополита Кирилл возведён 25 февраля 1991 года. Он также является создателем и ведущим выходящей с 1994 года на Первом канале еженедельной телевизионной программы «Слово пастыря», кроме того принимал участие в создании ряда других аналогичных телепрограмм.

6 декабря 2008 года на экстренном заседании Священного Синода Русской православной церкви в связи с кончиной патриарха Московского и всея Руси Алексия Второго митрополит Кирилл тайным голосованием был избран местоблюстителем патриаршего престола.

Митрополит Кирилл награждён рядом церковных наград, государственными орденами Дружбы народов, Дружбы, «За заслуги перед Отечеством» третьей степени.

Новый предстоятель РПЦ заявил, что будет хранить единство Церкви. «Патриарх — хранитель внутреннего единства Церкви и вместе с собратьями по епископату — блюститель чистоты веры», — сказал патриарх Кирилл. Задача патриарха, отметил он, не допускать расколов и лжеучений. Разномыслие, подчеркнул он, «не должно ослаблять общих усилий по созиданию дома Божия».

Особое место в своём выступлении патриарх отвёл молодёжи. Сейчас, когда «пропаганда насилия и разврата похищает души», Церковь не может ждать, а должна идти навстречу молодым людям, сказал Кирилл. «Предметом нашей особой заботы станет молодёжь», — заверил он.

Отношения с властями РФ новый предстоятель РПЦ намерен строить по Конституции, согласно которой церковь в стране отделена от государства. Он заявил, что церковно-государственные отношения должны строиться «на конституционной основе» и служить «благу Церкви и государства».

В своём первом обращении к народу Божию предстоятель РПЦ приветствовал президента РФ Дмитрия Медведева и премьер-министра Владимира Путина, которые присутствовали на его интронизации.

Медведев в своём приветственном слове выразил надежду на полноценный солидарный диалог Русской Православной церкви и государства. «Вступление нового патриарха на престол — это огромное событие в жизни нашей страны, в жизни всех православных народов. Это событие, которое открывает новую эпоху развития православия в нашей стране и создаст, мы надеемся, новые условия для полноценного солидарного диалога между Русской Православной церковью и государством», — сказал президент.

Медведев также напомнил, что Россия — сложное государство, где живут люди разных национальностей, разных верований, и в этом смысле, считает он, миссия патриарха Московского и всея Руси также является особенной. Супруга президента РФ Светлана Медведева первой подошла к причастию после выноса патриархом чаши из алтаря, где ранее причастились архиереи.

Патриарх Кирилл заявил, что намерен заботиться о единстве православия в мире, заверил в готовности к диалогу с представителями других православных церквей. «Предстоятель каждой православной церкви призван заботиться о единстве вселенского православия», — сказал он.

Важнейшим событием патриаршества предшественника Кирилла на патриаршем престоле — Алексия Второго — стало воссоединение РПЦ с Русской зарубежной церковью после почти 90-летнего разделения, порождённого революцией, гражданской войной и богоборческой властью большевиков. 17 мая 2007 года патриарх Алексий Второй и первоиерарх Русской зарубежной церкви митрополит Лавр подписали Акт о каноническом общении, восстановив духовное единство русских людей.

Интронизация нового патриарха впервые прошла в храме Христа Спасителя — главном российском православном соборе, восстановленном на месте взорванного в 1931 году. Трон, на который был посажен 16-й патриарх, тот самый, что был в прежнем храме. Перед разрушением храма его удалось перевезти в Троицкий собор Александро-Невской Лавры, где он хранился многие годы. После восстановления храма Христа Спасителя трон был возвращён на прежнее место.

Облачения предшественников Кирилла на патриаршем престоле и древний посох митрополита Петра, который был вручён патриарху Кириллу, стали знаками преемственности власти предстоятелей Русской Православной церкви и символами верности традиции.

Ключевые слова

- православие 그리스 정교
- новоизбранный 새로 선출된
- патриарх 가장, 총주교
- митрополит 대주교
- престол / патриарший престол 옥좌, 왕위, 제위 / 총주교의 제위
- предстоятель 사제 중의 수장首長
- алтарь 제단
- интронизация 즉위
- тезоименитство 귀인의(이전엔 주로 황제의) 명명일
- кончина 사망, 서거
- сан 고위, 위계
- архимандрит 승원관장
- стипендиат 장학생, 특대생
- богословие 신학
- возводить / возвести
  1) 위로 올라가다
  2) кого? во что? 승급, 승진시키다, 등용하다
  3) что? во что? (의의를) 높이다, 부여하다
- священник 사제, 목사
- епископ / архиепископ 그리스 정교의 주교, 대주교
- епископат 주교단
- первоиерарх 최고 주교
- награждать / наградить (кого/ чем?) 표창하다, 수여하다, 부여하다
- экстренный 특별한, 비상한
- памятная панагия 기념 훈장(정교의 사제가 목에 거는 훈장)

- местоблюститель 임시 사제, 임시 총대주교
- пастырь 목사, 사제
- раскол 분열, (17세기 중엽의) 정교 분열
- лжеучение, лженаука 사이비 교리, 허위 학설
- вселенский 전 세계의, 전 교회의
- приверженность (к кому? чему?) 숭배
- предшественник 선임자, 전임자
- воссоединение 재결합, 재통합
- богоборческий 무신론적
- канон, канонический 교회의 법규, 종규
- лавра / монастырь 대수도원 / 수도원
- посох (순례자, 목사 등의) 기다란 지팡이
- облачение 법의, 법복
- преемственность 계승성, 상속성
- восстанавливать / восстановить 부흥시키다, 재건하다
- взрывать / взорвать 폭파하다, (3인칭만) 격노시키다
- сажать / посадить 심다, 자리에 앉히다, (어떤 장소에) 두다, 당혹하게 하다, 곤란하게 하다
- вручать / вручить (что / кому? чему?) 넘겨주다, 수교하다, 맡기다

Ключевые выражения

- возвести на престол ~ 자리에 등극하다
- защитить диссертацию 논문을 방어하다
- присудить степень кандидата наук (доктора наук) 박사(국가박사)학위를 수여하다
- назначить архиепископом 대주교로 임명하다
- экстренное заседание (в связи с чем?) 특별(임시) 비상회의
- предмет особой заботы 특별한 고려의 대상
- выразить надежду на (сотрудничество, диалог, взаимопонимание) (협력, 대화, 상호 이해에) 대한 희망을 피력하다
- открыть новую эпоху (эру) 새로운 시대를 열다
- огромное событие в жизни (семье, стране, обществе) 인생(가정, 국가, 사회)에서의 큰 사건
- подписать акт (договор, документ) 법령(계약, 문서)에 서명하다
- возвратить на прежнее место 이전의 자리로 복귀시키다(되돌리다)
- знаки преемственности 계승의 상징
- блюститель порядка 질서를 유지시키는 사람
- РПЦ (=Русская Православная Церковь) 러시아 정교회

Вопросы к тексту

1. Кто является предстоятелем Русской православной церкви с 1 февраля 2009 года?
2. Когда и где родился митрополит Кирилл?
3. Назовите основные жизненные вехи новоизбранного патриарха.
4. В связи с чем митрополит Кирилл был избран местоблюстителем патриаршего престола?
5. Каковы задачи патриарха?
6. На что патриарх обратил особое внимание?
7. На каких принципах новый глава РПЦ намерен строить отношения с властями РФ?
8. В чём видит президент Медведев особенность миссии патриарха Кирилла?
9. Какое важное событие в жизни православной церкви состоялось 17 мая 2007 года?
10. Где прошла интронизация нового патриарха?
11. Что является знаком преемственности власти предстоятелей Русской православной церкви?

Выберите самое подходящее по смыслу слово

1. В феврале 2009 года новоизбранный патриарх Московский и всея Руси Кирилл был .... на патриарший престол.

   А) возведён

   Б) переведён

   В) отведён

2. Патриарх Кирилл является .... Русской Православной церкви.

   А) председателем

   Б) предстоятелем

   В) предпринимателем

3. В церковном календаре появилось два новых праздника: 1 февраля – день .... патриарха и 24 мая – день его ....

   А) интронизации, тезоименитства

   Б) интронизации, именины

   В) импровизации, тезоименитства

4. В июне 1970 года ему была .... степень кандидата богословия.

   А) обсуждена

   Б) присуждена

   В) защищена

5. После .... диссертации он был оставлен при академии

профессорским стипендиатом, преподавателем догматического богословия и помощником инспектора ЛДА.

А) защиты

Б) обсуждения

В) присуждения

6. В связи с .... патриарха Московского и всея Руси Алексия Второго митрополит Кирилл тайным голосованием был избран .... патриаршего престола.

А) кончиной, наблюдателем

Б) избранием, хранителем

В) кончиной, местоблюстителем

7. Задача патриарха, отметил он, не допускать .... и лжеучений.

А) расколов

Б) приколов

В) уколов

8. Церковно-государственные отношения должны строиться на конституционной основе и служить .... Церкви и государства.

А) благости

Б) благу

В) благодати

9. Интронизация нового патриарха впервые прошла в храме .... — главном российском православном соборе,

восстановленном на месте взорванного в 1931 году.

А) Василия Блаженного

Б) Спаса на Крови (Воскресения Христова)

В) Христа Спасителя

10. .... предшественников Кирилла на патриаршем престоле и древний посох митрополита Петра стали знаками преемственности власти предстоятелей РПЦ.

А) Облачения

Б) Обличение

В) Облицовка

Употребите слова, данные в скобках, в правильной грамматической форме

1. Под возгласы «Аксиос!» митрополиты Киевский и Санкт-Петербургский трижды посадили его на (трон) в (алтарь) храма Христа Спасителя.
2. В сентябре 1977 года Кирилл возведён в (сан архиепископа) и награждён (памятная панагия).
3. Определением Священного Синода Кирилл назначен (председатель) Отдела внешних церковных сношений и постоянным членом Синода по (должность).
4. Разномыслие не должно ослаблять общих усилий по (созидание дома Божия).
5. Особое место в своём выступлении патриарх отвёл (молодёжь).
6. Церковь не может ждать, а должна идти навстречу (молодые люди).
7. Отношения с властями РФ новый предстоятель РПЦ намерен строить по (Конституция), согласно (которая) церковь в стране отделена от государства.
8. В своём первом обращении к (народ Божий) предстоятель РПЦ приветствовал (президент РФ) Дмитрия Медведева и (премьер-министр) Владимира Путина.
9. Супруга президента РФ Светлана Медведева (первая) подошла к (причастие) после выноса патриархом чаши из алтаря, где ранее причастились архиереи.
10. Предстоятель каждой православной церкви призван заботиться о (единство вселенского православия).
11. (Важнейшее событие) патриаршества предшественника Кирилла

на патриаршем престоле стало воссоединение РПЦ с (Русская зарубежная церковь) после почти 90-летнего разделения.

12. Трон, на (который) был посажен 16-й патриарх, тот самый, что был в (прежний храм).
13. Перед (разрушение) храма его удалось перевезти в (Троицкий собор) Александро-Невской лавры, где он хранился многие годы.

Памятник Владимиру Ленину

произведение искусства или идеологический символ?

В Санкт-Петербурге на площади у Финляндского вокзала стоит известный каждому россиянину бронзовый памятник Владимиру Ленину, лидеру и вдохновителю революции 1917 года. Как известно, эта революция потрясла основы жизни всей страны, самой большой в мире по территории и, пожалуй, самой богатой природными и человеческими ресурсами.

Как известно, это событие не прошло даром для всего человечества, разделив все мировое сообщество на два враждующих лагеря. История расставит нужные акценты и даст более объективный взгляд на вещи. Но в настоящий момент трудно требовать от людей ясности в оценке событий. Ведь жизнь и сознание по крайней мере четырех поколений россиян определялась, да и сейчас во многом определяется последствиями октябрьского переворота 1917 года. А значит, и отношение к лидеру и организатору этого грандиозного события еще на долгие годы останется неоднозначным.

Так или иначе, но памятник Владимиру Ленину у Финляндского вокзала пытались взорвать. В результате этого часть памятника была разрушена. Встал вопрос: а нужно ли его восстанавливать, или легче снести — и конец? Вопрос оказался не праздным.

Естественно, что после падения коммунистического режима в России люди разделились на три группы: апологеты возвращения к старому режиму, сторонники демократического режима, и те, кто не принимает ни тот, ни другой режим.

Понятно, что сторонники коммунистического строя не только требуют восстановления памятника любыми средствами, но даже выступают с инициативой создания памятника жене и соратнице Ленина — Надежде Крупской. Это объяснимо. Долгие годы Ленин был их идеологическим символом, своеобразным идолом, который играл важную ритуальную роль в воспитании людей в духе коммунизма.

С другой стороны, трудно себе представить обычных людей, которые в довольно трудной экономической ситуации заняты не поисками денег и работы, а тем, что борются за или против Ленина. Тем более пытаются разрушить его памятник. Следовательно, можно предположить, что идеологическая борьба недавнего прошлого еще далеко не изжила себя и получила вот такое странное продолжение.

Но речь здесь сейчас идет не об идеологической борьбе, а об ... искусстве. Можно как угодно относиться к Ленину вообще, но скульптурные памятники — это все-таки произведения искусства и символы эпохи.

Что касается памятников Ленину вообще, то в Советском Союзе их было создано немереное количество. Считается, что подавляющее большинство этих памятников никакой художественной ценности не представляют. Конечно, такие скульптуры должны быть демонтированы. Но есть памятники, несомненно, представляющие большую художественную ценность. Их немного, и независимо от идеологии, их следовало бы сохранить. Никому же не приходит в голову разрушить памятник Петру I (известный с лёгкой руки Пушкина как Медный всадник) только потому, что в России почти не осталось сторонников самодержавия! Высокохудожественных произведений вообще мало на свете, но они есть. Памятник на Финляндском вокзале — это, конечно, не Медный всадник, но довольно интересный пример скульптурного изображения. Он как раз из числа произведений искусства. Если демонтировать памятники Ленину, надо все-таки оставить те, которые представляют собой ценность или являются какими-то значимыми местами для горожан. А Ленин у Финляндского вокзала – это не только напоминание о важнейшем моменте российской истории, а целое явление!

Бронзовую скульптуру поставили на месте, где в 1917 году Ленин произнёс знаменитую речь с броневика после возвращения из эмиграции в Петроград (так назывался в то время Петербург) на Финляндский вокзал. С чего, собственно, и началось знаменитое восстание.

Памятник является одним из первых произведений монументальной скульптуры советского периода. Создатели монумента — скульптор Сергей Евсеев и архитекторы Владимир Щуко и Владимир Гельфрейх.

Высота скульптуры вместе с постаментом составляет около 10 метров. Несмотря на политические изменения в России, памятник Ленину у Финляндского вокзала ни разу не покидал постамента. Во время Великой Отечественной войны памятник не пострадал — горожане спасли его от артобстрелов, засыпав песком и закрыв дощатым футляром.

И вот неизвестные «злоумышленники» попытались сделать то, что не удалось сделать даже немецким снарядам, то есть разрушить скульптуру. И, как всегда, идеология идеологией — но решать вопрос все-таки придется финансовым ведомствам…

Ключевые слова

- вдохновитель 고무시키는 사람, 영감을 주는 사람,
- потрясать / потрясти 흔들다, 동요시키다, 놀라게 하다, 충격을 주다
- враждующий – враждовать (с кем) 적대시하다, 반목하다
- последствие 결과, 결말, 영향, 후유증
- организатор 조직자, 창시자
- грандиозный 웅장한, 장엄한, 당당한, 위엄 있는
- неоднозначный 애매모호한, 여러 뜻으로 해석되는, 다양한, 가지각색의
- пытаться / попытаться 시도해 보다
- взрывать / взорвать 폭파하다, 폭발시키다
- сносить / снести 철거하다, 부수다
- праздный 게으른, 태만한, 무익한, 무용의, 헛된
- сторонник (кого/чего) 지지자, 옹호자, 찬성자
- апологет 변호자
- скульптура 조각(조소), 조각물
- следовательно 따라서
- предпологать / предположить 짐작하다, 추정하다, 추측하다
- немереный 셀 수 없는
- демонтированный 철거된
- напоминание 상기시키는 것, 예고
- броневик 장갑차
- артобстрел(артиллерийский обстрел) 폭격
- постамент 조상彫像 등을 세워 놓는 주춧대
- злоумышленник 죄인, 범죄자, 피의자, 악인
- снаряд 폭탄, 탄환

Ключевые выражения

- по крайней мере　적어도, 최소한, 어떻든, 어쨌든
- пройти даром　헛되이 되다, 허사로 돌아가다
- расставить акценты　강조하다, 역점을 두다
- коммунистический режим　공산주의 정권
- выступать с инициативой　주도적으로 발의하다
- изжить себя　쇠퇴하다, 쓸모 없게 되다
- идеологическая борьба　이념 투쟁
- художественная ценность　예술적 가치
- с легкой руки　달필의
- возвращение из эмиграции　망명(이민)으로부터의 귀환
- дощатый футляр　판자로 만든 상자, 관
- Великая отечестванная война　제2차 세계대전(대조국전쟁)
- как угодно　어떻게든
- подавляющее большинство　절대다수
- символ эпохи　시대의 상징

Вопросы к тексту

1. Где находится памятник В.И. Ленину, о котором идет речь в тексте?
2. Кто такой В.И. Ленин?
3. Каким событием определялись жизнь и сознание многих россиян?
4. На какие группы разделились россияне после падения коммунистического режима?
5. Как относятся коммунисты к памятнику Ленину? И почему?
6. Как обычные люди относятся к памятнику Ленину?
7. Почему Памятник Ленину поставили на Финляндском вокзале?
8. Кто является создателем памятника?
9. Какова высота памятника?
10. Почему памятник поставили именно на это место?
11. Почему памятник не пострадал во время войны?
12. Как вы думаете, оставить или снести памятник Ленину?

Выберите самое подходящее по смыслу слово

1. Это событие разделило все мировое .... на два враждующих лагеря.

   А) общение

   Б) сообщество

   В) общество

2. История расставит нужные акценты и даст более .... взгляд на вещи.

   А) объективный

   Б) предметный

   В) субъективный

3. Жизнь россиян во многом определяется .... октябрьского переворота 1917 года.

   А) следами

   Б) иследованиями

   В) последствиями

4. Отношение к лидеру еще на долгие годы останется ....

   А) неоднозначным

   Б) неоднородным

   В) неоднократным

5. Встал вопрос: а нужно ли памятник Ленину восстанавливать, или легче .... ?

А) унести

Б) занести

В) снести

6. Вопрос оказался не ....

А) праздным

Б) праздничным

В) прозрачным

7. Сторонники коммунистического строя требуют .... памятника.

А) восстановления

Б) восстания

В) воспитания

8. Идеологическая борьба недавнего прошлого еще далеко не .... себя.

А) зажила

Б) выжила

В) изжила

9. Никому же не .... в голову разрушить памятник Петру I.

А) уходит

Б) приходит

В) заходит

10. Памятник на Финляндском вокзале довольно интересный пример

скульптурного ....

А) изображения

Б) выражения

В) поражения

11. Ленин у Финляндского вокзала – это .... о важнейшем моменте российской истории!

А) упоминание

Б) воспоминание

В) напоминание

12. В 1917 году Ленин .... знаменитую речь с броневика.

А) произнёс

Б) пронёс

В) принёс

Употребите слова, данные в скобках, в правильной грамматической форме

1. В Санкт-Петербурге на площади у Финляндского вокзала стоит известный (каждый россиянин) бронзовый памятник Владимиру Ленину.
2. Революция потрясла все основы жизни самой большой страны, пожалуй, самой богатой (природные и человеческие ресурсы).
3. Это событие разделило все мировое сообщество на два (враждующие лагеря).
4. В настоящий момент трудно требовать от (люди) (ясность) в оценке событий.
5. Ведь жизнь и сознание россиян определялась, да и сейчас во многом определяется (последствия) октябрьского переворота 1917 года.
6. Сторонники (коммунистический строй) не только требуют (восстановление) памятника (любые средства).
7. Люди заняты не (поиски) денег и работы.
8. В России почти не осталось (сторонники) самодержавия.
9. (Высокохудожественные произведения) вообще мало на свете.
10. А Ленин у Финляндского вокзала — это не только напоминание о (некототрый важнейший момент) российской истории, а целое явление!
11. В 1917 году Ленин произнес знаменитую речь с (броневик) после возвращения из (эмиграция) в Петроград.
12. Во время Великой Отечественной войны памятник не пострадал — горожане спасли его от (артобстрелы), засыпав (песок) и закрыв (дощатый футляр).

13. Вопрос о восстановлении памятника пока остается (открытый).
14. Идеология идеологией — но решать-то вопрос все-таки придется (финансовые ведомства).

Зимняя Олимпиада 2014 года пройдет в Сочи

Зимние Олимпийские Игры 2014 года пройдут в российском городе Сочи на берегу Черного моря. Решение об этом принял Международный Олимпийский Комитет. Соперниками Сочи были южнокорейский Пхёнчан и австрийский Зальцбург.

Основными факторами победы заявки Сочи стали ее новаторский замысел и активная поддержка проекта со стороны Путина. Члены комитета голосовали в два этапа, на первом из которых из числа претендентов вышел Зальцбург. На втором этапе Сочи получил 51 голос, а Пхёнчан - 47. Зимние Олимпийские игры пройдут в России впервые.

Президент России на презентации заявки выступал на двух языках — английском и французском. Возможно, это также способствовало успеху российского города. Также Путин гарантировал, что строительство олимпийских объектов будет завершено вовремя. Президент пообещал обеспечить безопасность участников Олимпиады, а также сказал, что на дорогах не будет пробок. Он заверил, что и снега в Сочи тоже будет достаточно.

Несомненно, большую роль в победе российской заявки сыграла всенародная поддержка знаменитого российского города-курорта.

Воодушевленный успехом России, глава заявочного комитета Сочи обещал, что зимние Олимпийские игры в 2014 году будут «фантастическими».

Губернатор Краснодарского края выразил уверенность, что избрание Сочи столицей зимней Олимпиады 2014 года позволит городу развиваться с удвоенной энергией.

Правительство приняло решение создать госкорпорацию, которая будет заниматься как развитием инфраструктуры, так и строительством олимпийских объектов. Это будет именно госкорпорация, потому что значительные средства будут направляться из Федерального бюджета прежде всего на развитие инфраструктуры. Также будет привлечено и большое количество бизнес-структур и частных компаний.

Начало подготовки к Олимпиаде 2014 в Сочи вызвало массу споров о том, как это повлияет на будущее города и региона. Рост цен на недвижимость может сказаться на жизни обычных горожан. Но на развитие транспортной инфраструктуры жители Сочи пока смотрят с оптимизмом. По крайней мере, заявленные планы производят хорошее впечатление.

Сочи позиционируется как портовый город-курорт, однако прибыть в него по морю пока весьма проблематично. Главная задача — сделать порт города прежде всего пассажирским.

Серьезная работа предстоит и с воздушными портами. На черноморском побережье ожидают появления трех аэропортов международного класса — в Сочи, Анапе и Геленджике.

Планируется проведение легкого метро от Сочи до Красной Поляны и организация высокоскоростного железнодорожного движения Москва — Адлер.

Аналитики говорят, что инвестиционная привлекательность Сочи сыграет на руку жителям города. Стоимость их квартир возрастет, при этом появится много новых рабочих мест.

Сразу после объявления Сочи местом проведения Олимпиады 2014 года, цены на сочинскую недвижимость подскочили на 40-100%.

Однако позже, в связи с финансовым кризисом, стоимость недвижимости в Сочи снизилась на 20-30%.

На одну тысячу человек увеличена численность сочинской милиции. Это сделано для того, чтобы уделить больше внимания вопросам безопасности региона.

Уже в конце 2008 года в Сочи были торжественно открыты два олимпийских объекта:

— спортивно-туристический комплекс "Горная карусель" в Красной Поляне. Комплекс состоит из двух трасс общей длиной 6,5 км. и может принимать лыжников уже сегодня.

— железнодорожный грузовой двор в Имеретинской долине. Грузовой двор будет выполнять логистические функции по приему и распределению строительных материалов между олимпийскими объектами.

В рамках экологической программы «Сочи 2014» уничтожена 70-метровая труба мусоросжигательного завода, вредные выбросы из которой поступали в окружающую среду с начала 90-х годов прошлого века.

По проекту «Сочи 2014» на месте мусоросжигательного завода будет построен новый мусороперерабатывающий комплекс, что позволит экологически безопасно утилизировать как городские отходы, так и отходы, которые появятся в связи с проведением Олимпийских и Паралимпийских Игр в Сочи.

На VI Международном форуме по спорту, образованию и культуре, организаторами которого выступили Международный олимпийский комитет (МОК), ЮНЕСКО, Олимпийский комитет Кореи и правительство Пусана, оргкомитет «Сочи 2014» представил членам олимпийской семьи и международным экспертам долгосрочную образовательную программу.

Образовательная программа «Сочи 2014» включает в себя два основных направления: специальное образование и просвещение, вместе формирующих основу Игр в Сочи. Ключевым элементом специального образования является создание в Сочи первого полностью интегрированного в Олимпийский парк Международного олимпийского университета, студенты которого уже в 2012 году смогут обучаться по целому ряду программ. В них входят двухгодичная профильная специализация магистров, двухгодичные курсы MBA в рамках второго высшего образования, а также краткосрочные курсы. Эксперты Оргкомитета особо отметили просветительскую роль «Сочи 2014»: Олимпиада в России будет способствовать позитивным изменениям в обществе, а именно изменению отношения к людям с ограниченными возможностями, вопросам защиты окружающей среды и интеллектуальной собственности.

Ключевые слова

- соперник　경쟁자, 적수
- голосовать / проголосовать　투표하다, 표결에 부치다
- претендент　강요자, 요구자, 지망자
- способствовать / поспособствовать
  кому? / чему? в чём?　조성하다, 촉진하다, 납득시키다, 가능케 하다
- безопасность　안전
- пробка (затор)　혼잡, 붐빔
- воодушевленный　기운이 넘치는, 분발한
- воодушевлять / воодушевить　(감흥 · 활기 · 기운을) 북돋아주다, 고무하다, 격려하다
- губернатор　현지사, 총독, (미국의) 주지사
- госкорпорация　국영기업(Государственная корпорация)
- проблематичный　미해결의, 의문의, 수상한
- мусоросжигательный　쓰레기 소각의
- мусороперерабатывающий　쓰레기 재활용의
- отходы　폐품, 찌꺼기
- просвещение　교화, 교육, 계몽, 개발
- краткосрочный　단기의

Ключевые выражения

- принимать решение 결정을 하다
- новаторский замысел 혁신자적 계획, 구상, 의도, 목적
- всенародная поддержка 전 국민적 지원
- развитие инфраструктуры 사회 기반 시설의 발달
- по крайней мере 적어도
- приём и распределение 수송과 배달
- экологическая программа 생태학적 프로그램
- вредные выбросы 해로운 분출물
- ключевой элемент 핵심 요소
- люди с ограниченными возможностями 제한된 가능성을 가진 사람들
- интеллектуальная собственность 지적 재산

Вопросы к тексту

1. Где и когда должна пройти Зимняя Олимпиада 2014 года?
2. Какие города были соперниками Сочи?
3. Каковы основные факторы победы Сочи?
4. Почему правительство приняло решение о создании госкорпорации?
5. Как может повлиять на будущее города и региона подготовка к Олимпиаде?
6. Почему надо модернизировать Сочинский морской порт?
7. Что еще планируется сделать для развития транспортной инфраструктуры Сочи?
8. Как сказалось объявление Сочи местом проведения Олимпиады на ценах на недвижимость?
9. Как решаются вопросы безопасности?
10. Что делается в рамках экологической программы?
11. Расскажите об образовательной программе «Сочи 2014».

Выберите самое подходящее по смыслу слово

1. .... Сочи были южнокорейский Пхёнчан и австрийский Зальцбург.

   А) Врагами

   Б) Противниками

   В) Соперниками

2. Основными факторами победы .... Сочи стали её новаторский замысел и активная поддержка проекта со стороны Путина.

   А) заявки

   Б) заявления

   В) проявления

3. Президент России на .... заявки выступал на двух языках — английском и французском.

   А) демонстрации

   Б) презентации

   В) ратификации

4. Избрание Сочи столицей зимней Олимпиады 2014 года позволит городу-курорту развиваться с .... энергией.

   А) удвоенной

   Б) удостоенной

   В) уединённой

5. Также будет .... и большое количество бизнес-структур и частных компаний на развитие инфраструктуры Сочи.

А) отвлечено

Б) привлечено

В) увлечено

6. Начало подготовки к Олимпиаде-2014 в Сочи вызвало массу .... о том, как это повлияет на будущее города и региона.

А) споров

Б) отпоров

В) запоров

7. Сочи .... как портовый город-курорт, однако прибыть в него по морю пока весьма ....

А) находится – проблематично

Б) позиционируется – проблематично

В) позируется – проблематически

8. Серьезная работа .... и с воздушными портами, на черноморском побережье ожидают появления трех .... международного класса – в Сочи, Анапе и Геленджике.

А) предстоит – аэропортов

Б) предоставит – гаваней

В) устоит – вокзалов

9. Сразу после объявления Сочи местом проведения Олимпиады 2014 года, цены на сочинскую недвижимость .... на 40-100%.

А) выскочили

Б) подскочили

В) перескочили

10. В связи с финансовым кризисом стоимость недвижимости в Сочи .... на 20-30%.

    А) повысилась

    Б) снизилась

    В) унизилась

Употребите слова, данные в скобках, в правильной грамматической форме

1. Зимние Олимпийские Игры 2014 года пройдут в российском городе Сочи на (берег) Чёрного моря.
2. Члены комитета голосовали в (два этап), на (первый) из которых из числа претендентов вышел Зальцбург.
3. То, что президент России на (презентация) заявки выступал на (два язык), способствовало (успех) Сочи.
4. Он сказал, что на дорогах не будет (пробки) и (снег) в Сочи тоже будет достаточно.
5. Воодушевленный (успех) России, глава (заявочный комитет) Сочи обещал, что Зимние Олимпийские Игры в 2014 году будут (фантастический).
6. Госкорпорация будет заниматься как (развитие) инфраструктуры, так и (строительство) олимпийских объектов.
7. На (развитие) транспортной инфраструктуры жители Сочи пока смотрят с (оптимизм).
8. Главная задача — сделать порт города прежде всего (пассажирский).
9. Планируется проведение (лёгкий метро) от Сочи до (Красная Поляна) и организация (высокоскоростное железнодорожное движение) Москва — Адлер.
10. Инвестиционная привлекательность Сочи сыграет на (рука) (жители) города.
11. Это сделано для того, чтобы уделить больше (внимание) (вопросы) безопасности региона.
12. Грузовой двор будет выполнять логистические функции по (приём

и распределение) строительных материалов между (олимпийские объекты).

13. В рамках (экологическая программа) «Сочи 2014» уничтожена 70-метровая труба мусоросжигательного завода, вредные выбросы из (который) поступали в (окружающая среда) с начала 90-х (год) прошлого века.

IV. Экономика

БРИК

Аббревиатура БРИК — Бразилия, Россия, Индия, Китай — всё чаще звучит из уст политиков и в средствах массовой информации, отражая возникновение некой новой мировой реальности.

С окончанием «холодной войны» появились предпосылки для реального равноправия государств. И хотя Соединённые Штаты, безусловно, будут занимать в любом типе мировой системы особое место в силу своей огромной совокупной мощи, уже сегодня однополярного мира, прочного и устраивавшего большинство участников мирополитического процесса, более не существует.

В последнее время авторитет МВФ и МБРР оказался резко подорван, а ООН, к сожалению, продолжает утрачивать свою эффективность и возможность контролировать кризисные ситуации.

Стало ясно, что никто в одиночку не сможет обеспечить эффективное глобальное управление. Сейчас резко возрастает спрос на гибкую многостороннюю сетевую дипломатию и коллективное лидерство ведущих государств мира в решении злободневных проблем и противодействии общим для всех угрозам и вызовам.

В мире всё больше сознают необходимость деидеологизации международных отношений, формирования их позитивной повестки дня, укрепления правовых основ международной жизни.

Весомый вклад в решение этих задач призваны внести новые центры экономического роста и политического влияния, к которым по праву относятся Бразилия, Россия, Индия и Китай.

Развивающиеся экономики этих стран однозначно заявили, что современный международный механизм отношений не соответствует реалиям XXI века, и предложили строить новый — справедливый и демократический — мировой порядок на основе международного права (на основе Устава ООН) и межгосударственного сотрудничества.

Мир вступил в период очередного изменения геополитического баланса. В истории человечества подобные изменения чаще всего происходили через войны и кровь. Сейчас, впервые в истории, у нас появился шанс мирного, цивилизованного возвышения развивающихся стран, а вместе с ними — и беднейших стран мира.

Роль государств БРИК не в последнюю очередь определяется их размерами. Это большие страны, на них приходится более четверти (25,9 процента) поверхности суши и свыше 40 процентов населения всего земного шара (2,7 миллиарда человек). Кроме того, они располагают огромными природными ресурсами, промышленным потенциалом, высокой культурой и являются региональными лидерами.

Вместе с тем не следует забывать о сегодняшней ассиметрии между БРИК, с одной стороны, и США и другими развитыми странами Запада, с другой, в экономических, политических, технологических, военных возможностях. Совокупный ВВП стран БРИК гораздо меньше, чем у одних только США, и такая ситуация сохранится ещё не один год. Гораздо сильнее отставание от развитых стран по душевому доходу, и шансов на преодоление этого отставания в обозримом будущем нет. США сегодня собирают 8 тысяч долларов душевого налога, Китай и Россия — 500, Индия — 200 долларов.

Можно ли считать четыре страны естественными союзниками? Ведь страны БРИК различны, как различны геоэкономические и геополитические условия их существования.

Между ними нет цивилизационной или религиозной общности, как, например, в Европейском Союзе.

Очень различаются политические системы. Бразилия и Индия — демократии западного типа, Россия заявляет о собственной форме демократии, в Китае фактически однопартийная коммунистическая система.

Различны структуры экономик. Россия — экспортёр энергоресурсов, тогда как Индия и Китай — их крупнейшие мировые потребители. Бразилия в перспективе также может стать экспортёром, уже сегодня она мировой лидер по использованию биотоплива. Все четыре страны заявили о достаточно серьезных амбициях в сфере высоких технологий. Китай, ориентированный на массированное технологическое заимствование, и вовсе начинает переход к стратегии инновационного лидерства.

Существуют достаточно серьёзные различия между финансовыми системами стран БРИК, более открытыми в России и Бразилии и более закрытыми в Китае и Индии. И это делает задачу выработки единых подходов в экономической политике весьма непростой.

В политической области также имеется ряд серьёзных противоречий, особенно это касается отношений между Китаем и Индией. При развитости их торговых связей существуют спорные моменты по вопросам отношений с Пакистаном, по границе, по ядерным вопросам. Россия и Индия, напротив, при высоком уровне политического взаимодействия всё ещё находятся на низкой отметке взаимной торговли.

Страны имеют различную географию внешнеэкономических приоритетов. Для России это прежде всего постсоветские страны и Европейский Союз. Восточноазиатский и латиноамериканский векторы российской дипломатии ускоренно формируются, но ещё нельзя сказать, что они полностью сложились.

Для Китая, конечно, основной приоритет — Азиатско-Тихоокеанский регион, но при этом Пекин стремительно поднимает свой экономический статус до глобального уровня, обозначая свои экономические интересы по всем азимутам.

Индия играет роль регионального лидера в Южной Азии, а Бразилия — в Латинской Америке.

Различная география и история диктуют и разную геополитику, предопределяя различные повестки дня в сфере безопасности. Страны БРИК имеют также целый ряд несовпадающих международных обязательств, они входят в различные союзы и организации, защищая при этом свои специфические интересы.

У стран БРИК не может быть полностью совпадающей повестки дня в отношениях с Западом в целом. Например, хотя все они — противники блоковой политики и милитаризации мировой политики, но проблемы расширения НАТО и модернизации американской ПРО, весьма острые для России и даже для Китая, мало актуальны для Индии и Бразилии.

Но то, что у четырёх государств нет абсолютного совпадения интересов, ценностных баз, культурно-цивилизационных предысторий, создаёт и уникальное преимущество этой комбинации.

Четыре страны полагают, что рассматривая друг друга как стратегических партнёров, они способны выступать единым фронтом и более эффективно прикладывать совокупную энергию, свой объединённый политический и экономический вес для решения таких глобальных проблем как восстановление управляемости мирового развития, борьбы с международным терроризмом и транснациональной преступностью, предотвращение экономической деградации, движение в сторону продовольственной и энергетической безопасности.

Существует согласие по вопросу о том, чем именно в ближайшее время блок БРИК не должен и не может быть. В первую очередь, он не может быть военно-политическим блоком, организацией коллективной безопасности, интеграционной группировкой и даже таможенным союзом или зоной свободной торговли.

БРИК как группа строится на следующих принципах:

— конструктивность;

— неблоковость;

— неконфронтационность;

— ненаправленность против третьих стран.

Подъём стран БРИК сопровождается ростом осознания общности интересов и создаёт предпосылки для сближения, которые подкреплены политическими и дипломатическими усилиями.

С 2005 года начались четырёхсторонние консультации на уровне заместителей министров иностранных дел. Практическое взаимодействие стран БРИК началось в сентябре 2006 года, когда по инициативе В.Путина (в рамках сессии Генассамблеи ООН в Нью-Йорке) состоялась первая встреча министров иностранных дел.

9 июля 2008 года в Японии в рамках мероприятий G8 по инициативе российской стороны состоялась первая встреча лидеров четырёх стран, на которой была достигнута договорённость о подготовке полномасштабного саммита БРИК в 2009 году.

Главы стран БРИК собрались на свой первый официальный саммит 16 июня 2009 года в Екатеринбурге, где президент РФ Дмитрий Медведев сделал заявление от имени глав государств стран БРИК и была достигнута договорённость о проведении следующего саммита в 2010 в Бразилии.

Ключевые слова

- аббревиатура 약어
- БРИК - (BRIC) 브라질, 러시아, 인도, 중국
- НАТО - NATO (North Atlantic Treaty Organization) 북대서양 조약기구
- ПРО (Противоракетная оборона) 대미사일 방어
- ВВП (Валовой внутренний продукт) 국내총생산(GDP)
- МВФ (Международный валютный фонд) 국제통화기금(IMF)
- МБРР (Международный банк реконструкции и развития) 세계은행(IBRD)
- ООН (Организация Объединённых Наций) 국제연합(UN)
- США (Соединённые Штаты Америки) 미합중국(USA)
- РФ (Российская Федерация) 러시아 연방
- G8 선진 8개국 모임(미국, 일본, 영국, 프랑스, 독일, 러시아, 이탈리아, 캐나다)
- Генассамблея = Генеральная ассамблея 총회
- уста (звучать из уст) 입, 말 (입으로부터 나오다)
- предпосылка 전제
- подрывать / подорвать (밑으로부터) 파다, 파내다
- деидеологизация 탈이데올로기화
- повестка дня 의사 일정
- совокупный (совокупный доход, совокупная мощь) 결합의, 전체의, 공동의 (전체 소득, 전체 권력)
- энергия 에너지, 힘
- однополярный 단극의
- многополярный 다극의
- злободневный 절박한, 당면한
- обозримый 바라볼 수 있는, 전체에 눈이 미치는
- весомый 무게 있는, 묵직한

• ресурс, энергоресурсы　자원, 에너지 자원

• ассиметрия　불균형, 부조화, 비대칭

• потребитель　소비자, 구매자

• заимствование　차용

(заимствовать / позаимствовать 〔동〕 언어, 문화적 산물, 풍속 등을 타 민족으로부터 차용하다, 전용하다)

• азимут　방위, 방위각

• амбиция　자존심, 명예심, 존대

• безопасность　안전

• геополитика　지정학

• предопределять / предопределить　미리 정하다

• предыстория　전사前史

• предотвращение　예방

(предотвращать / предотвратить 〔동〕 예방하다, 미리 피하다)

• деградация　저하, 하락, 퇴보

• неконфронтационность　대결 · 대립을 지양하는 것

• совпадать / совпасть　일치하다 (совпадающий　일치하는)

• таможня, таможенный　세관, 세관의

• таможенный союз　관세 동맹

• сопровождаться　수반되다, 동시에 또는 결과로서 일어나다

• инициатива　주도권, 발의권

Ключевые выражения

- природные ресурсы   천연 자원
- межгосударственное сотрудничество   국가 간 협력
- промышленный потенциал   산업 잠재력
- душевой доход   1인당 소득
- транснациональная преступность   국제적 범죄
- зона свободной торговли   자유 무역 지대
- военно-политический блок   군사 · 정치적 연합
- коллективная безопасность   집단 안전보장
- официальный саммит   공식 정상회담
- стратегический партнёр   전략적 동반자
- продовольственная и энергетическая безопасность   식량 · 에너지 안보

Вопросы к тексту

1. Какие страны входят в состав БРИК?
2. Где находятся страны-члены БРИК?
3. Когда появились предпосылки для реального равноправия государств?
4. Как можно обеспечить эффективное глобальное управление?
5. Какие задачи стоят перед БРИК?
6. Каким образом в истории происходили изменения геополитического баланса?
7. Чем определяется роль государств БРИК?
8. В чём заключается ассиметрия между БРИК и развитыми странами Запада и США?
9. Каковы различия между странами-членами БРИК?
10. Что их объединяет?
11. На каких принципах строится БРИК?
12. Чем не может быть блок БРИК?
13. Чем подкреплены предпосылки для сближения стран БРИК?
14. Где состоялись встречи лидеров четырёх стран?

Выберите самое подходящее по смыслу слово

1. С окончанием «холодной войны» появились .... для реального равноправия государств.

   А) предположения

   Б) предпосылки

   В) предпочтения

2. Сейчас резко возрастает спрос на гибкую многостороннюю сетевую дипломатию и коллективное лидерство ведущих государств мира в решении .... проблем.

   А) злобных

   Б) злободневных

   В) повседневных

3. Новые центры экономического роста и политического влияния призваны внести .... вклад в решение этих задач.

   А) весовой

   Б) весёлый

   В) весомый

4. Гораздо сильнее отставание от развитых стран по .... доходу.

   А) духовному

   Б) душевному

   В) душевому

5. Шансов на преодоление этого отставания в .... будущем нет.

А) обозримом

Б) подозреваемом

В) подозрительном

6. Россия – экспортёр энергоресурсов, тогда как Индия и Китай – их крупнейшие мировые ....

А) истребители

Б) потребители

В) производители

7. Это делает задачу выработки единых подходов в .... политике весьма непростой.

А) экономной

Б) экономичной

В) экономической

8. Различная география и история диктуют и разную геополитику, ... различные повестки дня в сфере безопасности.

А) предопределяя

Б) предостерегая

В) предотвращая

9. То, что у четырёх государств нет абсолютного совпадения интересов, ценностных баз, культурно-цивилизационных ...., создаёт и уникальное преимущество этой комбинации.

А) предысторий

Б) предсказаний

В) предисловий

10. Они способны более эффективно прикладывать совокупную энергию для решения таких глобальных проблем как предотвращение экономической .... , движение в сторону продовольственной и энергетической безопасности.

А) деградации

Б) дегустации

В) интеграции

Употребите слова, данные в скобках, в правильной грамматической форме

1. В последнее время авторитет МВФ и МБРР оказался резко (подорванный).
2. Спрос на гибкую многостороннюю сетевую дипломатию и коллективное лидерство ведущих государств мира в противодействии общим для всех (угрозы и вызовы) резко возрастает.
3. Современный международный механизм отношений этих стран не соответствует (реалии) XXI века.
4. В истории человечества подобные изменения чаще всего происходили через (войны и кровь).
5. Они располагают (огромные природные ресурсы, промышленный потенциал, высокая культура), и являются (региональные лидеры).
6. Совокупный ВВП стран БРИК гораздо меньше, чем у (одни) только США, и такая ситуация сохранится ещё не один год.
7. Россия заявляет о (собственная форма демократии), в Китае фактически однопартийная коммунистическая система.
8. Существуют достаточно серьёзные различия между (финансовые системы) стран БРИК.
9. В политической области также имеется ряд (серьёзные противоречия).
10. Пекин стремительно поднимает свой экономический статус до (глобальный уровень), обозначая свои экономические интересы по (все азимуты).
11. Существует согласие по вопросу о том, (что) именно в ближайшее время блок БРИК не должен и не может быть.

12. БРИК как группа строится на (следующие принципы).
13. Подъём стран БРИК сопровождается (рост) осознания общности интересов и создаёт предпосылки для (сближение).

УРОК 14

Чем грозит глобальное потепление?

Глобальное потепление климата затрагивает две трети отраслей и рынков России

То в жар, то в холод

В России с каждым годом будет все теплее. За последние десять лет потепление составило 1°C — это примерно столько же, сколько за все предыдущее столетие. Из-за этого климат утратил стабильность: увеличились перепады температур и число различных природных катаклизмов: града, ливней, засух и наводнений.

И пока ученые спорят о том, кто “подогревает” климат — промышленность, выбрасывающая в атмосферу парниковые газы, естественная смена многовековых “холодных” и “теплых” периодов на Земле или возросшая солнечная активность — экономисты подсчитывают возможные убытки и прибыли для бизнеса. По их оценкам, потепление затронет около 70% отраслей и рынков, прежде всего классические метеозависимые сектора: транспорт, электроэнергетику, нефтегазовую отрасль, строительство, коммунальное хозяйство, агропромышленный комплекс и туризм.

Погоды и доходы

Некоторые ученые (например, Николас Стерн) считают, что изменения климата могут дать положительный экономический эффект. Улучшатся условия для сельского хозяйства и туризма, меньше топлива будет расходоваться на обогрев зданий, меньше людей будет гибнуть от переохлаждения.

В электроэнергетике, где колебания объёмов продаж в зависимости от температуры составляют до 4 процентов в месяц, уровень энергопотребления из-за потепления не снизится, а, напротив, вырастет: потребители будут тратить энергию не на обогрев, а на кондиционирование помещений. Хотя газовые компании от потепления климата только проиграют. По экспертным оценкам, в условиях тёплой зимы и жаркого лета снижение объёмов продаж газа может составить 10 процентов в месяц.

А в транспортном секторе важна не столько температура, сколько частота погодных аномалий. Например, за последние два года из-за штормового ветра, сильного волнения и плохой видимости затонуло или было повреждено более 40 морских и речных судов. Поэтому перевозчики вряд ли смогут рассчитывать на "погодные" сверхдоходы.

Из-за опасных погодных явлений аграрии сейчас теряют до 17, 8 миллиардов рублей, а в дальнейшем такие форс-мажорные обстоятельства, гибельные для урожая, только участятся. С другой стороны, потепление приведет к росту урожайности, который компенсирует эти потери.

Бизнес на катаклизмах

Погодные аномалии создают новые возможности для развития

целого ряда вспомогательных рынков, весьма внушительных по объёму. В первую очередь станет бурно развиваться сектор специализированных прогнозов погоды и услуг по метеорологическому обеспечению деятельности предприятий.

Главными заказчиками сегодня являются отрасли, которые обязаны следить за погодой (это требование отраслевых нормативов), прежде всего авиакомпании и морской транспорт. По оценкам “Аэрофлота”, если из-за плохой погоды Boeing-747 приходится сажать в “чужом” аэропорту, авиакомпания теряет до 25 тысяч долларов. На этом фоне затраты на метеосводки — копейки.

Предполагается, что потенциал роста рынка услуг информационно-метеорологического обеспечения российских предприятий увеличится в 10 раз. И новых потребителей метеорологи ищут в строительстве, дорожном хозяйстве, торговле и нефтегазовом секторе.

Страховка от непогоды

Участившиеся природные катаклизмы заставляют бизнесменов искать спасения у страховых компаний, поэтому сектор услуг страхования от погодных рисков и природных катастроф тоже растет как на дрожжах.

Наибольший потенциал, считают эксперты, у субсидируемого государством рынка страхования урожая от потерь из-за опасных погодных явлений. Однако расцвету рынка аграрного страхования мешает отсутствие полной классификации опасных погодных явлений по разным регионам и сельскохозяйственным культурам.

Летний сезон

Тёплая зима и жаркое лето — поистине манна небесная для производителей любых сезонных летних товаров, прежде всего пива, кваса, мороженого, а также поставщиков кондиционеров.

По оценкам специалистов, один градус дополнительного тепла в летний сезон приводит к увеличению сбыта мороженого в киосках на 10 процентов, в магазинах — на 5 процентов, а продажи кваса вырастают на 13 процентов.

Однако производители летних товаров выигрывают не от любого потепления. Потепление благоприятно, если устанавливается надолго, а когда неделя холодов и дождей сменяется неделей жары, сбыт падает. Ведь всякая аномалия создает непредвиденную нагрузку на все службы, от торгового персонала, автопарка, складов до производственных мощностей.

Искусство метеозащиты

Лучше всего защищены от капризов погоды компании с региональным присутствием: если в одном регионе из-за погоды страдает сбыт, можно компенсировать убытки в регионе с “нужной” погодой.

В ближайшие годы у метеозависимых отраслей появится и совершенно новое орудие защиты — погодный фьючерс. Речь идет об особом производном финансовом инструменте, позволяющем компенсировать падение продаж и прямые убытки из-за плохой погоды. Базовым активом станет средняя температура расчетного месяца в аэропорту Внуково. Схема такова. Предположим, что если температура в январе окажется на один градус ниже –10°C, у строительной компании возникают дополнительные затраты в 500 миллионов рублей. Она заключает фьючерсные контракты, по которым получит на бирже 500 миллионов рублей дохода в том случае, если температура окажется ниже –10°С. Если месяц выдастся морозным, компания компенсирует свои затраты прибылью от фьючерсов. Если тёплым, строитель потеряет небольшую сумму на фьючерсах, зато у него не будет непредвиденных затрат.

В мире этот инструмент получил широкое распространение. Первые торги погодными фьючерсами состоялись в 1999 году на Чикагской товарной бирже, а сегодня мировой рынок погодных производных финансовых инструментов оценивается примерно в 50 миллиардов долларов. Российский рынок тоже внушителен: около 5 миллиардов долларов в первые год-два после дебюта инструмента, а лет через десять речь может идти о десятках миллиардов.

Но в любом случае бытовой вопрос о погоде сегодня получает новое содержание — экономическое: вокруг погоды развиваются огромные рынки в миллиарды долларов.

Апокалипсис-2030

На начальной стадии потепления экономика северных стран — Канады, Скандинавии и России — только выиграет. Но лишь при условии, что климат “разогреется” не больше чем на 6°С. А вот если будет больше, в России начнется настоящее светопреставление.

Засухи в плодородных чернозёмных южных регионах, сильные смерчи, ураганы, наводнения, а также нашествия вредителей станут серьёзной угрозой для урожая. Кроме того, в северных регионах начнёт таять вечная мерзлота, из-за чего могут обрушиться инфраструктурные сооружения: здания, дороги, трубопроводы, гидроэлектростанции. Перспектива переселения расположенных в зоне вечной мерзлоты населённых пунктов, таких как 140-тысячный Норильск, станет вполне реальной. А из-за повышения уровня океана приморские города, такие как Санкт-Петербург, будут затоплены или смогут существовать только за высокими дамбами. Таяние сибирских торфяных болот спровоцирует эмиссию метана, который в 21 раз опаснее углекислого газа по парниковому эффекту. А вместо расходов на обогрев в России появятся новые, еще большие расходы — на кондиционирование.

Обнадёживает лишь то, что многие ученые придерживаются иной точки зрения. По их мнению, потепление на Земле — явление периодическое, не связанное с деятельностью человека, а моделирование глобальных процессов не обеспечивает достоверного прогноза грядущих изменений климата.

Ключевые слова

- перепад 낙차, (낙차를 만들기 위한) 수로의 계단
- катаклизм 격변, 대변동
- град 우박
- смерч 맹렬한 회오리 바람
- ураган 태풍
- ливень 폭우
- засуха 가뭄
- наводнение 홍수
- метеозависимый 기상예보에 의존하는
- метеосводка 기상예보
- переохлаждение 지나친 냉각
- энергопотребление 에너지 소비
- сверхдоход, сверхприбыль 고수익, 잉여 수익
- аграрий (유럽의) 대지주
- непредвиденный 예상 밖의
- светопреставление 세상의 종말, 세계의 종언, 대단한 혼란
- проигрывать / проиграть 지다
- аномалия 변칙, 이상
- страховка 보험
- субсидия 보조금, 지원금
- грядущий 장래의, 미래의
- внушительный 인상 깊은, 거대한, 굉장한

Ключевые выражения

- растет как на дрожжах 급속도로 성장하다
- искать спасения 구원의 길을 찾다
- расцвет рынка 시장의 번영
- манна небесная 하늘이 주는 양식
- капризы погоды 날씨의 변덕
- нашествие вредителей 유해한 곤충이나 동물의 습격
- утратить стабильность 안정성을 잃다
- парниковый эффект 온실 효과
- коммунальное хозяйство 공영 사업(전화, 가스, 수도 따위)
- агропромышленный комплекс 농산업 단지
- страховые компании 보험 회사
- увеличение сбыта 매상의 증가
- дополнительные затраты 추가 비용
- вечная мерзлота 영구 동결
- достоверный прогноз 믿을 만한 예보
- сектор услуг 서비스 부문

Вопросы к тексту

1. Как меняется климат в последнее время?
2. Каковы возможные причины изменения климата?
3. На какие отрасли хозяйства может повлиять потепление?
4. Снизится ли уровень энергопотребления из-за потепления?
5. Как потепление может сказаться на транспортном секторе экономики?
6. Как влияют погодные явления на аграрный комплекс?
7. Кому нужны услуги по метеорологическому обеспечению?
8. Как компания может обезопасить себя от природных катаклизмов?
9. Всегда ли выигрывают от потепления производители летних товаров?
10. Какие компании лучше всего защищены от капризов погоды?
11. Что такое «погодный фьючерс»?
12. Чем грозит России потепление более чем на 6 градусов Цельсия?
13. Все ли ученые придерживаются единого мнения?

Выберите самое подходящее по смыслу слово

1. В России с .... годом будет всё теплее.

   А) каждым

   Б) любым

   В) всяким

2. За последние десять лет .... составило 1°C — это примерно столько же, сколько за всё предыдущее ....

   А) утепление – век

   Б) потепление – столетие

   В) похолодание – тысячелетие

3. В электроэнергетике уровень энергопотребления из-за потепления не .... , а, напротив, ...

   А) снизится – уменьшится

   Б) повысится – снизится

   В) снизится – вырастет

4. Хотя газовые компании от потепления климата только ....

   А) проиграют

   Б) выиграют

   В) переиграют

5. В условиях тёплой зимы и жаркого лета .... объёмов продаж газа может составить 10 процентов в месяц.

   А) повышение

Б) снижение

В) упадок

6. В транспортном секторе важна не столько температура, сколько .... погодных аномалий.

   А) частота

   Б) чистота

   В) частность

7. В дальнейшем такие форс-мажорные обстоятельства, гибельные для урожая, только ....

   А) участвуют

   Б) участятся

   В) учатся

8. В первую очередь станет бурно развиваться сектор специализированных прогнозов погоды и услуг по .... обеспечению деятельности предприятий.

   А) метеорологическому

   Б) метрическому

   В) метеорическому

9. Потенциал роста рынка услуг информационно-метеорологического обеспечения российских предприятий .... в 10 раз.

   А) сократится

   Б) увеличится

   В) участится

10. Тёплая зима и жаркое лето — поистине .... для производителей любых сезонных летних товаров, а также поставщиков кондиционеров.

А) манна небесная

Б) хлеб насущный

В) камень преткновения

11. В любом случае бытовой вопрос о погоде сегодня получает новое содержание — ....: вокруг погоды развиваются огромные рынки в миллиарды долларов.

А) политическое

Б) экономическое

В) геополитическое

12. Из-за .... уровня океана приморские города, такие как Санкт-Петербург, будут затоплены или смогут существовать только за высокими ....

А) повышения – дамбами

Б) завышения – дамками

В) снижения – домами

Употребите слова, данные в скобках, в правильной грамматической форме

1. Потребители будут тратить энергию не на (обогрев), а на (кондиционирование) помещений.
2. Из-за (опасные погодные явления) аграрии сейчас теряют до 17,8 миллиардов рублей.
3. Погодные аномалии создают новые возможности для развития (целый ряд вспомогательных рынков), весьма внушительных по объёму.
4. (Главные заказчики) сегодня являются отрасли, которые обязаны следить за (погода), прежде всего авиакомпании и морской транспорт.
5. Участившиеся природные катаклизмы заставляют (бизнесмены) искать спасения у (страховые компании), поэтому сектор услуг страхования от погодных рисков и природных катастроф тоже растёт как на (дрожжи).
6. Однако (расцвет рынка аграрного страхования) мешает отсутствие (полная классификация) опасных погодных явлений по разным регионам и сельскохозяйственным культурам, (пригодный) для принятия решений.
7. По (оценки специалистов), один градус (дополнительное тепло) в летний сезон приводит к (увеличение сбыта мороженого) в киосках на 10 процентов.
8. Потепление благоприятно, если устанавливается надолго, а когда неделя холодов и дождей сменяется (неделя жары), сбыт падает.
9. В ближайшие годы у (метеозависимые отрасли) появится и совершенно новое орудие защиты — (погодный фьючерс).

10. (Базовый актив) станет средняя температура (расчетный месяц) в (аэропорт Внуково).
11. Первые торги (погодные фьючерсы) состоялись в 1999 году на Чикагской товарной бирже.
12. Обнадёживает лишь то, что многие ученые придерживаются (иная точка зрения).

각과 번역

제1과

표트르 1세

표트르 알렉세예비치 로마노프

표트르 1세는 1672년 모스크바에서 태어났다. 그는 위대한 군주인 알렉세이 미하일로비치가 N. K. 나리시키나와의 두 번째 결혼에서 얻은 차남이었다. 황태자 표트르는 생기발랄하고 활동적인 아이였다. 그는 떠들썩한 놀이를 매우 좋아했고, 바퀴가 달린 나무로 만든 말을 타고 다녔다. 황태자는 7세가 되자 글을 배우기 시작했다. 표트르는 글을 빨리 깨우쳤다. 영리한 소년은 수월하게 공부를 해 나갔다.

표트르에게는 이반이라는 형이 있었다. 하지만 형 이반은 몸이 약해서 자주 아팠고 시력도 좋지 않았다. 그래서 러시아 역사상 처음으로 동시에 두 명의 황제—이반 5세와 표트르 1세—가 선포되었다. 그들을 위해 심지어 두 명을 위한 황제의 옥좌가 만들어지기도 했다. 그러나 이반도 표트르도 모두 아직 어려서 나라를 다스릴 수 없었기 때문에 황제 형제를 대신해서 그들의 이름으로 누나인 25세의 소피야가 섭정을 시작했다. 그렇게 7년간의 섭정이 계속되었다.

소피야에게 중요한 과제는 동생들이 그녀의 권력을 빼앗지 못하도록 하는 것이었다. 소피야의 휘하에는 다수의 유능하고 숙련된 전투병 친위대가 있었다. 그래서 그녀는 표트르의 소년병 연대로는 그렇게 심각한 위협이 되지는 않으리라고 생각해 개의치 않았다. 통치자 소피야는 영원히 자신의 수중에 권력을 두고자 했고, 자신을 합법적이고 완전한 권리를 가진 여황제로 공표하려고 했다.

그러나 이반과 표트르는 어느덧 장성해 더 이상 그들을 대신해 소피야가 나라를 다스릴 필요가 없었다. 물론 이반은 자신의 주변에서 일어나고 있는 상황을 잘 파악하지 못해 권력을 견고히 하려는 누나의 시도에 대해서 안이한 태도를 취하고 있었다. 반면에 표트르는 결코 이를 수용할 수 없었다. 경쟁자인 동생을 제거하기 위하여 소피야는 친위병으로 거사를 일으켰다. 그녀는 심지어 필요할 경우 표트르를 죽일 생각까지 했다. 단지 표트르가 그녀의 인생길에 장애가 되어서는 안 된다는 생각뿐이었다. 하지만 모든 친위병들이 소피야에게 충성스러웠던 건 아니었다. 친위병들 중 적잖은 수가 표트르 측에 가담했고, 그의 병사들과 함께 소피야에 대항해 싸웠다.

권력을 위하여 친동생의 목숨까지 앗아 가려던 누나의 교활한 간계를 알게 된 표트르는 소피야의 측근들에게 가혹한 형벌을 내렸고, 소피야는 수도원에 유폐시키라고 명령했다. 그리고 유폐된 소피야를 밤낮으로 감시했다. 그렇게 엄혹한 감시하에서 그녀는 죽을 때까지 꼬박 15년을 괴로움 속에서 보냈다. 이반 황제는 국가의 통치에 관한 모든 일을 표트르에게 전부 위임했고, 표트르는 병약하여 자주 아팠던 형의 사후에 러시아의 황제가 되어 거대한 나라를 혼자서 다스렸다.

표트르 1세는 강인하고 위대하며 인내심이 많은 사람이었다. 그는 많이 일하고 적게 쉬는 것에 익숙해 있었다. 잠도 적게 잤다. 늦게 잠자리에 들어서는 새벽 3-4시면 벌써 깨어 활동하기 시작했다. 아마도 게으름이나 피로는 그에게 전혀 낯선 것이었으리라. 그는 도끼나 망치를 다룰 줄 알았고, 복잡한 도구나 기계의 작동 원리를 잘 알고 있었다. 배를 만드는 법도 알았고, 항해술도 잘 알고 있었다. 포술에도 능통해 중화기포를 잘 다루어 정확히 목표에 명중시키곤 했다. 어떤 일을 하든지 다 잘되어 갔고, 그의 손에선 모든 일이 다 잘 풀렸다.

그는 또한 의학에도 조예가 깊었고, 책을 많이 읽어서 학자나 기술자와도 대등한 수준에서 대화가 가능했다. 외국에 체류하면서 표트르는 분명 러시아 사람들이 배울 것이 있다는 확고한 신념을 갖게 되었다. 그는 다른 나라에서 보고 배운 것 중에서 최고의 것들을 러시아에 도입하기 위하여 필요한 모든 일을 다 했다. 러시아는 많은 부분에서 표트르 대제에게 빚진 바가 크다. 그러나 자신의 개혁 정책을 수행하면서 표트르는 많은 피를 흘리지 않을 수 없었다.

1700년부터 1721년까지의 북방전쟁에서의 승리로 러시아는 발트 해로 진출하는 길을 열게 되었다. 1703년 표트르 1세는 러시아의 새로운 수도 상트페테르부르크를 세웠고, 자신이 직접 "유럽으로 향한 창문"이라고 불렀다. 표트르는 모스크바를 좋아하지 않았다. 왜냐하면 모스크바는 그에게 친위병의 반란을 상기시키기 때문이었다. 이 점이 네바 강변에 새로운 수도를 건설하겠다는 결정을 내린 여러 이유들 중의 하나였다. 페테르부르크의 건설은 황제의 측근인 A. D. 멘시코프가 총지휘했다. 그는 가혹하며 불굴의 의지를 가진 사람으로 기진맥진한 노동자들의 옷이 다 닳도록 일을 시켰다. 그렇게 수만 명의 인부들의 피와 땀과 생명의 대가로 네바 강변의 늪지대 위에 위대한 도시가 세워졌다.

1721년 스웨덴과의 북방전쟁에서 승리한 후 거대하고 강력한 군사력을 소유한 러시아는 제국을 선포했다. 그리고 러시아 원로원은 표트르 1세에게 '차르' 대신 '임페라토르'라는 칭호를 사용하도록 결의했다. 그리하여 표트르 대제는 러시아 역사상 최초로 '임페라토르'가 되었다.

표트르 대제 시기에 러시아에는 큰 변화가 있었다. 박물관과 인쇄소가 문을 열었고, 최신 기술로 설비된 공장과 작업장이 생겨났으며, 과학 실험실에서 연구가 시작되었고, 최초의 러시아 신문이 간행되기 시작했다…

제2과

M. L. 로스트로포비치

므스티슬라프 레오폴도비치 로스트로포비치는 1927년 3월 27일 바쿠에서 태어났다. 그의 할아버지와 아버지도 음악가였다. 1932년에서 1937년까지 로스트로포비치는 모스크바의 그네신 음악학교에서 공부했다. 1941년 그의 가족은 치칼로프(지금의 오렌부르크)로 피란을 갔다. 14세의 나이에 그는 이미 지방의 한 음악학교에서 강의를 시작했다. 아버지가 세상을 떠난 후에는 가장이 되어 음악 교사 자리를 그가 대신해야 했기 때문이다. 피란 시기에 그는 피아노 협주곡, 첼로 협주곡, 피아노를 위한 서곡을 작곡했다. 또한 그는 차이콥스키의 〈로코코 주제에 의한 변주곡〉을 말리 극장의 오케스트라와의 협연으로 연주했고, 병원, 군부대, 집단농장, 지역 문화센터에서 연주를 하는 등 활발한 활동을 했다.

16세의 나이에 로스트로포비치는 모스크바 국립음악원에 입학했다. 그는 동시에 작곡과와 첼로과(첼리스트 세묜 코졸루포프에게 사사)의 두 학부에서 전공 수업을 시작했다. 그는 음악원의 유명한 교수인 작곡가 드미트리 쇼스타코비치에게 자신의 첫 피아노 협주곡 악보를 보여 주었고, 이를 훌륭하게 연주해 냈다. 쇼스타코비치는 로스트로포비치에게 자기와 함께 관현악법 클래스에서 공부해 볼 것을 제안하기도 했지만, 로스트로포비치는 결국 작곡가가 되지는 않았다. 위대한 첼리스트는 쇼스타코비치의 교향곡 8번의 초연 이후에 그 곡에 너무나도 큰 감동을 받은 나머지 작곡을 포기했다고 말한 바 있다. 1945년에 로스트로포비치는 젊은 음악인을 위한 전 연방 콩쿠르에서 1등을 했고, 1950년에는 프라하 콩쿠르에서 우승을 차지했다. 1945년 전 연방 콩쿠르에서 우승하고 난 후에 학생이었던 로스트로포비치는 2학년에서 곧바로 5학년으로 진급했다. 1946년에 음악원을 졸업한 후 로스트로포비치는 박사 과정에 진학하여 1948년까지 공부했다.

음악가 로스트로포비치의 업적은 두 측면, 즉 첼로 연주자(독주자 혹은 협연자로서), 그리고 지휘자(오페라와 교향곡 등의)로서의 측면에서 대별해 볼 수 있다. 그는 서양 고전음악 중 첼로 곡 레퍼토리의 거의 전부를 실제로 연주했다. 그 외에도 60명 가까이 되는 20세기의 위대한 작곡가들이 그를 위해 작품을 만들었다.

국제적인 계약과 해외 공연 덕분에 로스트로포비치는 서양에서 유명해지게 되었다. 그의 연주에서 사실상 첼로 음악의 모든 레퍼토리가 연주되었고, 그 후에 많은 작품들이 그를 위해 특별히 작곡되었다. 먼저 첼로를 위한 117개의 작품들이 그에 의해 연주되었고, 70개의 작품들의 초연이 그에 의해 이루어졌다. 실내악 연주자로서 스뱌토슬라프 리흐테르와 함께 첼로 소나타곡들을, 에밀 길렐스와 레오니드 코간과 피아노 3중주곡을 연주했으며, 피아니스트로서 아내 갈리나 비슈넵스카야의 반주를 맡기도 했다.

그의 솔직한 고백에 따르면, 그의 인격 형성에는 세르게이 프로코피예프, 드미트리 쇼스타코비치, 벤저민 브리튼이라는 세 명의 작곡가들이 큰 영향을 미쳤다. 위에 언급된 작곡가들 외에도 아람 하챠투란, 루차노 베리오, 알프레드 슈니트케, 레너드 번스타인, 앙리 뒤티이외, 비톨드 류토슬랍스키, 크시슈토프 펜데레츠키를 비롯한 약 60명의 작곡가들이 자신의 작품들을 로스트로포비치에게 헌정했다.

1969년부터 로스트로포비치와 그의 가족은 알렉산드르 솔제니친을 도왔다. 그가 모스크바 근처 자신의 별장에서 살도록 했을 뿐만 아니라 브레즈네프에게 그를 변호하는 엽서를 써 줬다. 그 결과 음악회와 순회공연의 취소와 녹음 중단이 잇따랐다. 1974년 그에게 방문 비자가 나왔다. 4년 후에 로스트로포비치는 소비에트 시민권을 박탈당했고, 1990년이 되어서야 러시아로 돌아올 수 있었다.

1974년부터 로스트로포비치는 서구의 선두 지휘자들 중 한 명이 되었다. 열일곱 번의 시즌을 거치며 그는 상임 지휘자가 되었고, 그의 지휘 아래 미국 최고 오케스트라 가운데 하나가 된 워싱턴의 국립 심포니 오케스트라의 예술 감독이 되었으며, 베를린 필하모닉 오케스트라, 보스톤 심포니 오케스트라, 런던 심포니 오케스트라, 런던 필하모닉 오케스트라의 정규 객원 지휘자이기도 했다. 그의 마지막 녹음은 슈니트케 교향곡 2번과 첼로 협주곡 연주, 그리고 1990년 로스트로포비치가 국립 심포니 오케스트라와 함께 한 모스크바 여행에 관한 독특한 다큐멘터리 영화 〈러시아로의 귀환〉이었다.

로스트로포비치는 콘서트 활동 외에 교수로도 활동했으며, 음악학교를 열고 마스터 클래스를 부설했다. 2004년에 로스트로포비치는 스페인 발렌시아에서 고급 과정의 음악학교를 이끌었다. 그는 줄곧 다양한 형태의 음악 페스티벌에 참석했을 뿐 아니라 스스로 음악 페스티벌을 조직하기도 했다. 로스트로포비치는 재능 있는 학생들을 돕기 위해 자신의 이름을 딴 기금의 대표자가 되었고, 또한 독일에서 젊은 음악가들을 돕기 위한 기금과 러시아에서 재능이 뛰어난 아이들을 위한 장학 재단을 설립했다.

그는 1991년 8월 폭동과 1993년 10월 사건이 일어난 때에 러시아 연방의 대통령인 옐친을 지지하는 편에 섰다.

한편 로스트로포비치는 자선 활동으로도 유명했다. 그는 러시아 연방의 소아 의료 시설을 원조하는 비슈넵스카야-로스트로포비치 자선 기금의 대표자였으며, 차르스코셀스키(지금의 푸시킨 고로드) 남자 귀족학교의 전통과 정신에서 부흥된 A. M. 고르차코프를 기념하기 위한 학교의 감독자 중 한 명이었다.

로스트로포비치는 40명의 '예술 프랑스 아카데미' 회원에 포함되었으며, 또한 그는 많은 나라의 아카데미 회원이었고 다수의 수상 경력 보유자였다. 로스트로포비치는 여러 나라의 50개 이상의 대학교에서 명예박사학위를 부여받았고 세계의 많은 도시들의 명예시민이 되었으며, 29개 나라로부터 훈장을 받았다.

로스트로포비치는 한국에서 음악 애호가들에게 널리 알려져 있다. 그의 순회 연주는 항상 청중들로 가득찼고, 변함 없는 성공을 거두었다. 한국에는 그의 제자들도 있다.

제3과

A. D. 사하로프

러시아의 물리학자이자 인권 운동가인 안드레이 드미트리예비치 사하로프는 1921년 모스크바에서 태어났다. 그의 가정에는 성실함, 가족 구성원들 간의 끈끈한 유대, 문학과 학문에 대한 사랑 등 유서 깊은 대가족 특유의 전통이 깊게 배어 있었다. 그에게 가족의 영향은 유난히 컸는데, 이는 그가 학생 시절 처음 몇 년간 집에서 교육을 받았기 때문이다. 온순하고 겸손한 소년이었던 사하로프는 특히 자신의 할머니와 유대가 깊었다. 영어를 아는 할머니는 저녁마다 손자에게 영국 작가들의 책을 읽어 주곤 했다. 정교 축일들을 앞두고는 그에게 복음서를 읽어 주었다.

1938년 안드레이 사하로프는 수석으로 학교를 졸업하고 모스크바 국립대학교 물리학부에 입학해 1942년에 역시 수석으로 졸업했다. 이후 그는 양자물리학 분야의 저명한 전문가인 이고르 탐의 밑으로 들어가 레베데프 연구소에서 일을 하기 시작했다. 2년 후, 스물여섯 살의 사하로프는 물리·수학 박사 학위를 취득했다.

사하로프와 탐은 철저한 보안 속에서 연구하며 수소 폭탄을 발명해 냈다. 이 성과는 젊은 물리학자에게 큰 명성을 가져다주었다. 1953년, 사하로프는 소련 과학아카데미의 최연소 연구원이 되었다. 학자로서 그는 평균을 훨씬 뛰어넘는 수준의 수입과 생활을 누릴 수 있었다.

이 시기부터 사하로프는 핵무기의 완성에 착수하기 시작했다. 후에 사하로프는 당시의 삶에 대해 묘사하며 "주관적으로 나는 내가 세계의 이름으로 일하고 있는 것이며, 나의 일이 힘의 균형을 가져와 종래에는 인류 전체에 이익이 될 것이라고 생각했다"고 말했다. 그러나 시간이 흐를수록 그는 일을 하면서 핵실험에 대한 반발을 느끼기 시작했는데, 핵폭발이 대기에 가져올 생물학적 위험성에 대한 우려 때문이었다. 1950년대 말부터 안드레이 드미트리예비치 사하로프는 핵무기 실험 중단 운동에 활발히 참여하기 시작했다.

1968년 그는 〈진보, 평화로운 공존과 지적 자유에 대한 고찰〉이라는 논문을 발표했다. 핵무기 경쟁을 비판하며 사하로프는 국제적인 기아 위협과 인구 과잉, 환경 오염과 같은 문제의 해결에 소련과 미국이 공동으로 협력할 것을 촉구했다. 그는 또한 검열 제도와 정치 재판의 철폐를 주장했으며 반정부 인사들의 정신병원 감금에 반대했다. 세 자녀를 안겨 준 그의 아내가 암으로 사망한 것도 바로 이 무렵이다. 사하로프는 아내의 죽음을 견디기 어려워하면서 암 전문 병원의 설립과 국제 적십자사의 자연재해 구호기금에 어마어마한 돈을 기증했다.

1970년 사하로프는 소련의 다른 물리학자들과 함께 인권위원회를 설립했다. 그는 환경 오염 문제, 사형 제도의 폐지, 이민 허용 등에 대해 목소리를 높였다. 1년 후 그는 인권 운동가이며 반정부 인사인 옐레나 보네르와 재혼을 했다.

사하로프는 1975년, "인류 평화의 근본적인 원칙에 대한 두려움 없는 지지"와 "권력의 악용과 인간 존엄의 탄압에 대한 용기 있는 투쟁"을 인정받아 노벨 평화상을 수상했다. 그러나 소련 정부는 그에게 시상식 참여를 허락하지 않았다. 상은 모든 양심수들의 석방을 요구했던 그의 두 번째 아내 옐레나 보네르가 대신 받게 되었다. 그녀는 이 상이 "소련과 동유럽 전역의 양심수들, 그리고 그들의 석방을 위해 싸우는 모든 이들이 나누는 것"이라는 사하로프의 말을 대신 전달했다.

1980년, 소련의 아프가니스탄 침공을 강력히 규탄하던 사하로프는 사회주의 노동 영웅의 칭호를 포함하여 모든 상賞을 박탈당했으며, 아무런 재판도 거치지 않고 외국인들의 출입이 제한된 고리키(오늘날의 니즈니 노브고로드)

로 유배되었다. 1986년 12월이 되어서야 소련의 지도자 미하일 고르바초프가 그에게 전화를 걸어 유형이 끝났음을 알렸다. 며칠 후 사하로프는 모스크바로 돌아와 연구 활동을 재개했다. 그는 정치적 이유로 수감된 소련 반정부 인사들을 석방시키려는 노력을 지속했다.

사하로프는 소련의 정치 구조 개혁에 대해 많은 숙고를 했다. 그에 의해 〈유럽과 아시아의 소비에트 공화국 연방 헌법〉 프로젝트가 마련되었다. 그는 이 국가의 목표로서 "국가의 시민, 그리고 인종과 국적, 성별, 나이 및 사회적 지위에 구애 받지 않는 지구의 모든 사람들을 위한 물질적이고 정신적인 자유, 복지, 평화 그리고 안보"를 선포했다.

학자 사하로프는 1990년 12월 14일 세상을 떠났다. 위대한 인물의 마지막 가는 길을 지켜보기 위해 수십만 명의 사람들이 모여들었다. 그는 핵무기 개발뿐만이 아니라 평화적 목적의 원자력 이용을 위해서도 많은 업적을 세웠다. 그러나 그 어느 것도 평화와 인권의 수호를 위한 그의 탁월한 공로를 능가하지는 못한다.

제4과

A. I. 솔제니친

알렉산드르 이사예비치 솔제니친은 1918년 12월 11일 키슬로보츠크에서 태어났다. 전쟁에 참가해 훈장을 수여받고, 소비에트군 대위이기도 했던 그는 그는 전방에 있으면서도 사회문제에 지속적인 관심을 가지며 스탈린 정권에 대해 비판적인 자세를 취하기 시작했다. 1945년 1월 그는 어린 시절 친구와 주고받은 서한에 스탈린에 대한 비판이 담겨 있었다는 이유로 체포되어 그 유명한 58조항에 의해 8년간의 수용소 생활에 처해졌다. 1952년 겨울, 솔제니친은 암 진단을 받고 수용소에서 수술을 받았다. 그는 1953년 석방되었다.

작가로서 솔제니친은 19-20세기 러시아에 관한 사기史記적 성격을 지닌 작품들로 널리 이름을 알리게 되었다. 1960년대에서 1980년대에 이르는 수십 년간 그는 러시아의 공산주의 체제에 활발히 맞서 싸웠다.

그에게 유명세를 안겨 준 소설들은 〈제1원〉, 〈암 병동〉 등이다. 1962년 11월 알렉산드르 트파르돕스키의 노력으로 《신세계》지를 통해 발표된 〈이반 데니소비치의 하루〉는 정치·사회적으로 그리고 문학적으로 대변혁을 일으켰다.

1969년 솔제니친은 소련작가연합으로부터 제명되었다. 1970년에는 자신의 작품들을 통해 구현하고자 했던 러시아 문학 전통의 "도덕적 힘"을 인정받아 노벨 문학상을 수상했다.

《이반 데니소비치의 하루》의 출판과 관련하여 수감 생활을 했던 독자들의 편지는 스탈린 공포정치에 대한 내용을 담은 〈수용소 군도〉 집필의 초석이 되었다. 1974년 그는 소련 국적을 박탈당하고 해외로 추방되었다. 그는 파리에서 〈8월 14일〉을 집필했다. 1976년 그는 가족과 함께 유럽에서 미국 버몬트 주로 망명하여 〈붉은 수레바퀴〉 집필에 착수했다.

페레스트로이카 기간 동안 소련 내 솔제니친에 대한 태도가 바뀌어, 고국에서는 그의 작품이 여럿 출판되었다. 그의 유명한 논문 〈어떻게 러시아를 발전시킬 것인가〉는 소련 내에서만 2,700만 부가 발행되었다.

1990년대 초 그는 러시아 국적을 회복했으며, 1994년 5월 27일 마침내 영원히 고국으로 돌아온 기념으로 가족과 함께 미국에서 블라디보스토크로 날아가 모스크바까지 기차로 전국을 횡단하는 여행을 했다. 1997년에는 알렉산드르 솔제니친 문학상이 제정되어 저명한 학자와 작가, 영화 제작자들에게 상이 수여되었다. 알렉산드르 솔제니친은 인생의 마지막 날까지 정치범들의 가족들을 도우며 소비에트 권력하에서 자신의 신념 때문에 수난을 당해야 했던 사례들에 대한 조사를 후원했다.

알렉산드르 이사예비치는 사망하기 오래전부터 기독교식으로 자신의 죽음을 준비해 왔다. 그는 유명을 달리하기 5년 전, 알렉시 총대주교에게 자신을 돈 수도원에 묻어 달라고 부탁을 했다. 그에게는 축복이 내려졌다.

솔제니친의 타계는 전 세계적으로 반향을 불러일으켰다. 유명한 정치인들과 학자들, 그리고 예술가들이 그의 죽음에 조의를 표했다. 미국의 조지 부시 대통령과 프랑스의 니콜라 사르코지 대통령, 독일의 안겔라 메르켈 수상 및 우크라이나, 아르메니아, 리투아니아, 에스토니아 등의 국가 정상들도 그의 죽음을 애도했다.

모스크바의 거리 중 하나에 솔제니친을 기려 그의 이름이 붙여졌다. 그의 홀로 남은 아내는 그의 사업을 이어 가며 솔제니친 작품 전집의 출간에 관여하고 있다.

제5과

러시아의 민속 공예

러시아 민속 예술품들은 러시아의 민족성, 러시아 역사, 그리고 러시아인들이 생각하는 이상적인 행복과 미에 대해 많은 것을 시사해 주기도 한다. 러시아의 민속 공예는 대부분이 상고 시대부터 존재해 온 것으로, 그 기원을 가내수공업에 두고 있다. 사람들은 자연으로부터 재료와 영감을 모두 얻었다. 산림 지대에서는 선반공의 수공업과 나무 또는 자작나무 껍질 조각이 발달했다. 점토층이 발견되는 곳에서는 도자기 예술품이 생겨났다. 아마를 재배하는 러시아 유럽 부분의 북쪽 지역에서는 뜨개질이 발달했다. 우랄 지역은 제철 광석과 준보석, 돌 세공으로 유명한 곳으로, 철 주조물, 무기 장식, 돌로 만든 수공품이 나타난다.

민속 수공예품으로는 나무와 뼈로 만든 조각물, 뜨개질, 자수, 나무와 금속에 그린 그림, 도자기, 나염된 직물, 피혁이나 모피로 만든 공예품 등 수십 가지의 다양한 종류들이 존재한다. 그러나 이들 가운데 세계적으로 널리 알려진 것들은 마트료시카, 호흘로마 회화, 그젤 도자기, 팔레흐 미니어처, 조스토프 쟁반, 파블로보파사드 숄, 볼로그다 레이스, 딤코보 장난감, 고로데츠 회화, 카슬린 철 주조물 등이다.

러시아에 한 번이라도 가 본 사람이라면, 분명히 집으로 돌아올 때 러시아 마트료시카를 가지고 올 것이다. "마트료시카"는 귀부인과 어머니를 뜻하는 라틴어 "matrona"에서 유래한 "마트료나"라는 이름의 지소 형태이다.

러시아 마트료시카는 러일전쟁 이후 일본에서 들여온 모형의 본을 떠서 만든 것으로 알려지고 있으나, 이에 대해서는 의견이 분분하다. 오늘날 마트료시카는 러시아의 가장 유명한 기념품 중의 하나이다.

마트료시카는 겉면에 그림이 그려진 러시아의 전통 인형으로, 그 안쪽에는 같은 모양을 한 더 작은 크기의 인형들이 들어 있다. 마트료시카는 종종 귀족 가문에서 학습용 참고서처럼 사용되었다. 안에 들어가 있는 인형의 수는 보통 여섯 개 혹은 그 이상이며, 대부분 원통형으로 생겼다. 전통적으로 마트료시카에는 사라판(소매가 없는 부인복의 일종)을 입고 있는 여자의 그림이 그려지는데, 그 안에는 남자 인형이 들어 있을 수도 있다. 더 이상 열리지 않는 가장 작은 크기의 인형은 아기가 된다. 마트료시카 겉면에 그려지는 인물들은 전래동화 속 주인공들부터 정치인들까지 매우 다양하다.

마트료시카를 만들기 위해서는 고도의 기술이 요구된다. 우선 적합한 목재를 선별해야 한다. 일반적으로 조직이 무른 보리수를 선택하며, 간혹 오리나무나 자작나무를 사용하기도 한다. 보통 나무를 이른 봄에 베어서 나무껍질을 떼어 내는데, 건조할 때 목재에 균열이 가지 않게 하기 위해서 나무껍질을 모두 떼어 내지는 않는다. 그 다음으로는 통나무를 차곡차곡 창고에 넣어 두고 통풍이 잘 되는 곳에서 통나무가 마르도록 수년간 보관한다. 목재 가공은, 목재가 너무 마르지도 않고 그렇다고 너무 축축하지도 않은 상태에서 시작해야 한다. 더 이상 분해되지 않는 가장 작은 인형을 제일 먼저 만든다.

가장 작은 인형이 준비되면, 장인은 첫 번째로 만든 인형을 넣을 그 다음 모형을 만든다. 그 다음 이러한 과정을 반복해 앞에서 이미 만든 두 가지 인형을 넣을 조금 더 큰 인형을 만든다. 인형의 수는 두 개에서 60개까지 다양하다. 모든 인형이 준비되면, 목재의 꺼칠꺼칠한 부분을 없애기 위해 풀을 바른다. 그리고 마지막으로는 건조시킨 다음에 광택을 내고 매끄러운 표면에 균일하게 색채를 입히는 것이다.

러시아 호흘로마는 17세기 니즈니 노브고로드 근처에서 시작된 오래된 러시아 민족의 수공예이다. 러시아의 유명한 회화 종류 중 하나이다. 호흘로마는 나무 식기와 가구를 황금 배경에 검은색과 빨간색 그리고 때로는 녹색으로 장식하는 그림이다. 호흘로마에 전통적으로 묘사되는 대상은 과즙이 풍부한 붉은 열매와 딸기, 꽃 그리고 나뭇가지이다. 그리고 종종 새나 물고기, 짐승들도 찾아볼 수 있다.

현재 호흘로마의 근원지는 니제고로드 주에 있는 코베르니노라는 작은 마을로 알려져 있다. 농민들은 나무 식기를 만들어 팔기 위해 니즈니 노브고로드 현에 있는 큰 상업 마을 호흘로마로 가져왔다. 여기서부터 "호흘로마 회화" 또는 "호흘로마"라는 명칭이 시작되었다.

그젤은 러시아 도자기 생산의 오랜 중심지 중 하나이다. 이 지방의 제품들은 하얗고 파란 색채를 띤다는 특징이 있다. 오래전부터 그젤은 점토로 유명했다. 이곳에서는 다양한 질의 고른 점토의 채굴이 17세기 중반부터 이루어졌다. 그젤에 대한 최초의 언급은 1328년의 이반 칼리타의 유서에서 찾아볼 수 있다. 후에 그젤이라는 지명은 여러 귀족들의 국서에서, 또한 1572-1578년의 이반 뇌제의 유서에서도 반복된다.

18세기 중반까지 그젤은 당대의 일상적인 도자기 그릇, 벽돌, 타일뿐만 아니라 단순한 아이들 장난감까지도 만들어 모스크바에 공급했다. 당시 인형의 출고량은 일 년에 수십만 개 정도로 추산된다. 1812년경 그젤에는 식기를 생산하는 공장이 25군데가 있었다. 공장들에서는 식기 외에도 새나 짐승 모양의 장난감, 러시아 일상생활을 주제로 한 장식품들을 제작했다. 빛나는 하얀 말, 기마병, 새, 인형, 소형 식기들이 연보라색, 노란색, 파란색, 그리고 갈색의 독특한 민속적 색채로 칠해졌다. 물감은 붓으로 입혀졌다. 장식용 꽃, 나뭇잎, 화초 등이 그림의 모티프가 되었다.

1820년대부터 많은 제품들이 파란 물감으로만 칠해졌다. 1825년경부터 1850년대까지는 그젤의 도자기 예술이 모든 부분에서 절정에 달했던 시기이다. 정교한 도기를 얻기 위해 생산 공장의 소유주들은 흰색 원료의 성분을 완벽하게 만들기 위해 항상 노력했다. 그러나 19세기 중반부터 많은 그젤의 공장들이 실패를 하게 되며, 이에 따라 도자기 생산은 그젤 출신의 쿠즈네초프 가문에 집중되었다. 혁명 후 쿠즈네초프 공장들은 국유화되었다. 그젤의 도자기 공예는 20세기 중반에 이르러서야 부흥하기 시작했다. 1930-40년대에 걸쳐 러시아 도자기 공장의 절반가량이 이곳으로 모여들었다. 얼마 전 그젤은 650주년을 맞이했다.

팔레흐 미니어처는 고대 성상화술을 근간으로 하여 생겨났다. 1920년대의 "전투적 무신론" 시기에 수공업은 죽지 않고 오히려 새롭게 변형되었다. 이전의 성상화 전문가들은 예전 방법대로 그림을 그려 넣어 보석함, 브로치, 담배 케이스를 만들었으나, 소비에트의 일상적인 장면, 동화 삽화들, 역사, 문학과 관련된 주제들도 새로이 추가했다. 이러한 정교한 영적인 스타일이 트랙터, 아낙네, 붉은 깃발과 같은 현세의 내용과 조화를 이룬 사실이 놀라운 점이었다.

19세기 중순에 생겨난 고로데츠 회화는 민중의 '풍요로운 삶'에 관한 표상을 말해 준다. 꽃과 동물 이외에 고로제츠의 장인들은 산책, 차 모임, 축제 등을 즐겨 표현했다. 이 주제의 주인공은 부유한 농민들, 밝고 부유하며 세련되게 옷을 입은 도시민들 그리고 상인들이다.

현재 러시아인들은 자신들의 민속 공예품을 매우 사랑하며 가치 있게 여긴다. 거의 모든 집에서 카슬린 조각상 또는 고로데츠 도마, 호흘로마 나무 수저를 볼 수 있으며 어린아이들 장난감 중에서는 반드시 마트료시카 그리고 그림이 있는 피라미드 등을 찾아볼 수 있다. 그젤 도기, 호흘로마 또는 딤코프 장난감을 대량으로 수집하는 것도 빈번하게 찾아볼 수 있다.

러시아의 민속 공예품들은 모든 관광 중심지들에서 판매되고 있다. 러시아에 다녀가는 사람들은 누구를 막론하고 민속 공예품 하나씩은 들고 돌아가지 않을 수가 없다. 화려한 꽃들, 정교한 그림, 우아한 레이스 또는 재미있는 장난감들은 거대한 나라, 그리고 친절하고 관대하며 재능 있는 민족을 떠올리게 할 것이다.

제6과

페테르부르크

러시아의 문화 코드

상트페테르부르크는 세계의 대도시들 가운데 가장 북쪽에 위치한 도시이다. 이 도시에서 관광객들의 눈길을 가장 사로잡는 것 중 하나는 5월부터 7월까지 이어지는 백야로, 이 기간 동안은 한밤중에도 밖이 제법 환하며 도시는 거의 잠들지 않는다. 반면 혹독한 겨울에는 진흙탕과 매서운 추위가 높은 습도와 어우러져 견디기 어렵게 만든다. 공식적으로 상트페테르부르크의 백야는 6월 11일부터 7월 2일까지이지만, 아주 환한 밤은 5월 25-26일에서 7월 16-17일까지도 이어진다. 백야는 상트페테르부르크의 고유한 상징이다. 다양한 축제들과 거리 행사들이 이 시기에 열린다. "백야"의 이미지는 예술과 문학에서 널리 사용되고 있다.

상트페테르부르크는 1703년 표트르 1세에 의해 세워졌다. 이 때문에 표트르 1세의 동상인 '청동 기마상'은 도시의 대표적인 상징이 되었다. 이 동상에는 러시아어와 라틴어로 "예카테리나 2세가 표트르 1세에게"라고 쓰여 있다. 페테르부르크는 1712년부터 1918년까지 러시아의 수도였다. 1917년의 혁명 이후 수도는 모스크바로 옮겨졌으며, 이후 페테르부르크는 레닌그라드로 개명되었다. 현재 이 도시는 다시 상트페테르부르크로 불리고 있다.

1918년 모스크바로의 천도는 부분적으로는 상트페테르부르크에 유리하게 작용했다. 놀라우리만큼 많은 오래된 건물들을 보존할 수 있도록 해 준 것이다. 많은 시민들이 목숨을 잃었던 대조국전쟁과 도시 봉쇄 속에서도 건물들은 거의 훼손되지 않은 채로 남을 수 있었다.

바로 이 때문에 페테르부르크는 도시 전체가 하나의 박물관이라는 말을 듣게 된 것이다. 이곳에는 다수의 건축물들과 박물관, 동상들이 있다. 세계 어디에도 신고전주의, 절충주의, 아르누보, 복고주의 성향의 건축물들이 이토록 많이 보존돼 있는 곳은 없다. 페테르부르크의 역사적 중심지와 도시 근교의 궁전들은 유네스코 세계문화유산 목록에 등재되었다. 페테르부르크에서 가장 유명한 박물관은 에르미타시 박물관이다. 이 박물관은 궁전 광장에 있는 겨울 궁전 내에 있다. 에르미타시에는 석기 시대부터 현대에까지 이르는 세계에서 제일 가는 미술품 컬렉션과 세계 문화의 유산들이 삼백만여 점가량 모여 있다.

상트페테르부르크는 발트 해 연안 네바 강가에 위치해 있다. 상트페테르부르크는 유럽에서 가장 다리가 많은 도시로, 다리의 수만 300개가 넘는다. 그러나 상트페테르부르크의 가장 중요한 수로인 네바 강 변두리 지역은 끔찍한 홍수와 매서운 바람, 그리고 모기 탓에 수백 년간 아무짝에도 쓸모 없는 곳으로 여겨져 왔다. 실제로 도시는 심심치 않게 홍수 피해를 입었다. 주로 홍수는 가을철, 서쪽으로부터 불어오는 태풍의 영향으로 일어난다. 도시가 세워진 이래 네바 강은 300번 이상 범람했다. 이 탓에 이곳에 새 수도를 세우겠다는 표트르 1세의 결정은 터무니없는 것으로 보였다. 하지만 천재는 환경을 이기는 법이다.

상트페테르부르크는 러시아에서 문화 수도로 통한다. 이 도시의 구석구석은 역사·문화적인 사건들의 정신으로 가득 채워져 있다. 페테르부르크의 가장 유명한 극장은 마린스키 오페라·발레 극장이다. 저명한 발레리나 갈리나 울라노바가 이곳에서 공연을 했었다. 페테르부르크에는 또한 도스토옙스키, 블로크, 아흐마토바, 브로드스키, 차이콥스키, 프로코피예프 등과 같이 이름난 소설가, 시인, 작곡가, 음악가, 건축가 및 화가들이 거주하며 활동을 했다.

페테르부르크의 대표적인 거리는 넵스키 대로로, 이곳은 수차례 문학과 미술 작품을 통해 찬미되었다. 니콜라이 고골은 자신의 작품 〈넵스키 대로〉를 통해 다음과 같은 대목을 남겼다. “최소한 페테르부르크에서는 넵스키 거리보다 더 나은 곳은 없다. 이 거리는 이 도시를 위한 모든 것을 갖추고 있기 때문이다. 수도의 미인이라고 할 수 있는 이 거리가 왜 훌륭하지 않겠는가! … 여자들은 어떤가! 아, 넵스키 거리란 여자들에게는 훨씬 더 유쾌한 존재이다. 그 거리가 즐겁지 않는 자가 대체 누구란 말인가? 넵스키 거리에 들어서자마자 이미 산책하는 기분에 젖어 든다.”

페테르부르크는 러시아 문학의 역사에 있어 항상 중심지 역할을 해 왔다. 이곳에서 작가들은 문학적 명성을 쌓았고, 새로운 미학적 흐름이 생겨났으며, 다수의 문학 동아리와 협회가 조직되었고, 대형 인쇄소와 출판사, 공립 도서관이 운영되었으며, 다수의 문예지들이 정기적으로 발행되었다. 18세기 페테르부르크에서는 최초의 문학 잡지들이 등장했으며 문학비평의 첫 걸음이 시작되었다.

페테르부르크는 〈예브게니 오네긴〉, 〈스페이드 여왕〉, 〈청동 기마상〉, 〈코〉, 〈외투〉, 〈백야〉, 〈죄와 벌〉, 〈페테르부르크〉 등 많은 러시아 문학 고전 작품들의 배경이 되었다. 러시아의 작가들은 자신들의 작품을 통해 특유의 ‘엄격하게 정돈되어 있는’ 모습이 매력적이면서도 동시에 거부감을 불러일으키기도 하는 이 도시의 다양한 측면들을 그려 냈다. 페테르부르크는 넵스키 대로의 다채로운 군중의 이미지, 백야의 몽환적인 아름다움, 위대한 제국의 수도가 갖는 화려한 광채 그리고 미로같이 복잡한 어두컴컴한 빈민굴로 대표되는 유령의 도시, 신기루로 가득 찬 환영의 도시로 나타났다.

제7과

러시아 발레의 역사

발레는 비교적 최근에 등장한 예술이다. 춤이 인류의 생활을 장식하기 시작한 것은 상고 시대로 거슬러 올라가지만, 발레의 역사는 200년이 약간 넘는 정도이다. 현대 발레의 아버지는 프랑스 출신의 발레 무용 이론가인 장 조르주 노베르(1727-1810)이다. 그의 유명한 저서 《무용과 발레에 관한 서한》에는 고전 발레의 이론이 정립되어 있다.

최초의 발레 공연은 베르사유에서 시작되었다. 고전 무용의 유행이 빠른 속도로 유럽에 퍼져 나갔다. 발레의 역사에서 획기적인 사건이 된 것은 발가락 끝으로 춤을 출 수 있게 해 주는 특수한 발레용 신발인 토슈즈를 최초로 착용하고 무대에 올랐던 이탈리아 출신의 위대한 발레리나 마리아 탈리오니(1804-1884)의 개혁이었다(이전까지 무용수들은 얕은 굽이 달린 신발을 신었다). 19세기는 예술사에서 낭만주의의 시대였는데, 이는 발레의 역사에서도 마찬가지였다. 당시 발레는 절대적으로 여성적인 예술로, 남자 무용수는 회전 동작을 하는 여자 무용수를 받쳐 주는 보조 역할을 수행했다.

낭만주의 시대에는 발레 의상에도 변화가 있었다. 이전까지 여자 무용수가 무겁게 고래뼈로 된 테로 부풀려진 치마를 입고 무대에 섰다면, 마리아 탈리오니는 최초로 몸에 붙는 흰 상의와 여기에 붙어 있는 견 레이스 소재의 가벼운 치마 차림으로 공연을 했다. 탈리오니가 〈실피다〉의 공연에서 첫선을 보인 이러한 의상은 튜닉이라고 불렸으며, 안무의 가벼움을 효과적으로 강조해 주었다.

남자 무용수들의 의상도 덜 거추장스러워졌다. 무릎까지 내려오는 드로

즈와 긴 양말 그리고 짧은 재킷 덕분에 남자 무용수는 더 자유로이 움직일 수 있게 되었다. 안무가들은 남자 무용수들에게 더 많은 독무를 추게 하기 시작했다. 결국 발레 의상의 개혁은 곧 고전 무용 기술의 발전과 완성에 직결된 것이었다고 해도 과장이 아닌 것이다.

러시아 최초의 발레 공연 〈오르페우스와 에우리디케〉는 1673년 2월 8일 알렉세이 미하일로비치 황제의 궁전에서 열렸다. 격식 있고 느린 춤은 번갈아 나오는 노래 및 시 낭송과 함께 세련된 포즈와 인사, 무대 위를 가로지르는 스텝 등으로 구성되었다. 25년여가 흐른 뒤에야 표트르 1세의 개혁에 힘입어 음악과 춤은 러시아의 생활에서 뗄 수 없는 부분으로 자리할 수 있었다. 상류사회와 군대의 중고등 교육기관에서 무용은 필수 과목으로 지정되었다. 표트르 1세에 의해 도입된 야회는 널리 확산되어 무도회로 불리게 되었다. 19세기 러시아에서 상류사회의 교육 받은 사람에게 춤을 추지 못한다는 것은 마치 프랑스어를 알지 못하는 것과도 마찬가지로 생각할 수조차도 없는 일이었다.

1738년 상트페테르부르크에서는 러시아 최초의 전문 발레 학교인 황립 무용 학교가 문을 열었다. 당시 발레에서 중요한 안무는 주로 이탈리아 출신의 객원 무용수들이 담당했으며, 러시아의 무용수들은 무대에서 군무 혹은 짧은 독무를 추었다. 러시아에서의 발레 교육은 초창기부터 높은 수준에 맞춰져 있었으며, 오래지 않아 A. 이스토미나, E. 텔레쇼바, A. 글루시콥스키와 같은 상트페테르부르크 무용 학교 출신의 러시아 무용수들이 황립 극장의 발레 공연에서 주연을 맡기 시작했다.

러시아 발레의 '황금기'는 무용수이자 교사 겸 안무가인 마리우스 페티파와 연관되어 있다. 어린 나이에 객원 무용수로서 러시아로 건너 온 마리우스 페티파는 머지 않아 황립 오페라 · 발레 극장 최초의 남자 무용수가 될 뿐만 아니라 안무가의 자리에까지 올랐다. 황립 극장의 무대에 마리우스 페티파는 50개 이상의 공연을 올렸는데, 그 가운데에는 〈해적선〉, 〈무희〉, 〈파라오의 딸〉, 〈돈키호테〉, 〈레이몬다〉, 〈에스메랄다〉 등과 같이 발레 공연의 고전으로 여겨지며 오늘날까지도 세계의 많은 발레단의 레퍼토리를 장식하고 있는 작품들이 있었다. 마리우스 페티파의 작품의 정점에는 그가 러시아의 위대한 작곡가인 표트르 차이콥스키의 음악에 맞춘 〈백조의 호수〉, 〈잠자는 숲속의 공주〉, 〈호두까기 인형〉 등이 있다. 차이콥스키와 페티파의 발레 작품들은 당대에 있어서는 혁신적인 것으로, 이전까지는 관현악 반주에 맞추어 무용을 한 적이 없었다.

페티파는 소위 "큰 스타일의 공연", 즉 솔로 안무와 듀엣 안무, 그리고 군무가 많이 포함된 장막극 형태의 발레 공연을 가다듬어 무대 위에서 실현했다. 그의 공연에는 무용단 전체뿐만 아니라 무용 학교에 다니는 학생들까지도 참여했다(마리우스 페티파는 안무가로서는 보기 드물게 아이들을 위한 안무를 짜는 능력이 있었으며 그것을 좋아했다).

19세기에서 20세기로 넘어갈 무렵 러시아의 발레는 전성기를 맞아 세계에서 주도적인 위치를 차지하게 되었다. 60개 이상의 단막극과 장막극들이 레퍼토리에 포함되어 있었다. 상트페테르부르크에서는 당대 최고의 교사들이 학생들을 가르쳤다. 러시아의 독특한 발레는 자국과 서유럽의 안무 전통을 종합하고 이를 바탕으로 세계 무용의 절정을 흡수하고 창조적으로 변형하며 형성되었다. 이 시기 발레 무대에서는 마틸다 크세신스카야, 올가 프레오브라젠스카야, 안나 파블로바, 니콜라이 레가트, 파벨 게르트 등과 같은 저명한 러시아 무용수들이 외국 출신의 객원 무용수들을 밀어내고 주연을 차지했다.

19세기 말에서 20세기 초 러시아 예술의 부흥이 일어나던 '은세기'에는 새로운 사상적·문체적 해법이 모색되었는데, 이는 발레에서도 마찬가지였다. 젊은 세대의 안무가들과 무용수들에게 아카데미즘적인 발레의 엄격한 틀은 너무 좁게 느껴지기 시작했다. 당시 상트페테르부르크의 미하일 포킨이나 모스크바의 알렉산드르 고르스키와 같은 개혁적인 성향의 젊은 안무가들은 발레 특유의 제약성을 극복하고자 노력했다. 그들의 공연은 음악과 회화, 그리고 안무 세 가지를 종합한 예술이었다. 새로운 발레 공연의 창조에는 알렉산드르 베누아, 레브 바크스트, 니콜라이 레리흐, 콘스탄틴 코로빈, 알렉산드르 골로빈과 같은 당대의 많은 이름난 화가들이 관심을 갖고 참여했다. 이전까지는 한 번도 발레 공연을 제작하는 데 화가의 역할이 그렇게 중시됐던 적은 없었다. 젊은 안무가들의 공연들에서는 안나 파블로바, 타마라 카르사비나, 바츨라프 니진스키 같은 많은 젊은 무용수들의 재능이 활짝 피어났다.

1909년, 파리의 샤틀레 극장에서는 러시아 무용수들로 구성된 세르게이 댜길레프의 '러시아의 계절들'이라는 오페라 발레단이 성황리에 공연을 마쳤다. 파리의 관객들은 미하일 포킨이 제작한 공연들에 강렬한 인상을 받았다. 댜길레프의 오페라 발레단은 남미와 유럽에서 발레에 대한 인식 전반을 바꾸어 놓았다. 지칠 줄 모르는 발레 전도사 안나 파블로바에 대해서도 기억해야 한다. 그녀는 자신의 무용단이 공연을 하기 전까지는 고전 발레라는 것이 무엇인지 상상조차도 못하던 지구상의 벽촌까지도 방문했다.

많은 20세기의 저명한 무용수들과 안무가들은 러시아의 뿌리를 지니고 있으며 러시아에서 전문 교육을 받았다. 올가 스페시프체바, 레오니드 먀신, 게오르게 발란친이 그러했고 더 이후에는 루돌프 누레예프, 미하일 바리시니코프, 나탈리야 마카로바 등이 그러했다.

사실 발레 무용수는 평생을 수련해야 하기 때문에 발레 무대에서는 교사가 담당하는 역할이 크다. 처음에는 무용 학교의 선생님들로부터, 이후 극장에 와서는 고급 과정에서 매일 과제를 받으며, 무용수와 함께 무대 안무를 연습해 주는 가정 교사에게서 가르침을 받는다. 러시아의 유서 깊은 양대 무용 학교인 상트페테르부르크(레닌그라드)와 모스크바 무용 학교의 저명한 교사들(아그리피나 바가노바, 예카테리나 게르트, 표도르 로푸호프, 레오니드 라브롭스키 등)은 수 세대에 걸쳐 이름난 러시아 무용수들(갈리나 울라노바, 마이야 플리세츠카야, 나탈리야 두딘스카야, 예카테리나 막시모바, 콘스탄틴 세르게예프, 블라디미르 바실리예프, 스베틀라나 자하로바, 마리야 알렉산드로바, 울리야나 로파트키나, 디아나 바시네바 등)을 양성했다. 오늘날 러시아에서는 16개의 국립 무용 학교들에서 무용수들을 가르치고 있으며, 7개의 고등교육 기관에서는 안무가들과 교사들을 배출해 내고 있다. 러시아 고전 발레 학교는 여전히 세계에서 선두 위치에 있으며, 현재 러시아의 발레 무용수들과 교사들은 유럽과 아시아, 아메리카, 호주 전역의 발레단들에서 일을 하고 있다.

러시아와 한국 간의 발레 교류는 오랜 전통을 지니고 있다. 술라미프 메세레르, 올가 레페신스카야, 블라들렌 세묘노프 등이 각기 다른 시기에 한국에서 발레 교사로 활동했다. 모스크바 무용 아카데미에서는 어린 한국 무용수들이 교육을 받았다. 한국의 발레 무용수들은 모스크바에서 열리는 국제 콩쿠르에 참여해 수상을 하기도 했다.

제8과

러시아 서커스

서커스란 무엇인가? 왜 모두들 서커스를 그렇게 사랑하는 것인가? 서커스는 한 사람이 평생토록 기억에 남는 잊지 못할 인상을 얻고 돌아오는 축제이다. 서커스에서 곡예사들은 정열적으로 춤추며 아이같이 즐거워하고 기꺼이 관객들과 함께 자신의 유쾌한 기분을 나눈다.

의심할 여지 없이, 서커스는 곡예사들이 놀라운 광경을 빚어 내는 예술의 특별한 영역으로 분류될 수 있다. 이 멋진 사람들은 사자와 호랑이, 악어들을 자신에게 복종하도록 만들며 어떠한 동작이라도 능숙하게 해낸다. 서커스에서는 용기와 힘, 교묘함과 유연성이 과시된다. 이 축제 전체는 오케스트라의 활기찬 사운드와 환한 조명, 쏟아지는 박수갈채를 배경으로 진행된다.

러시아의 서커스는 재미있는 역사를 지니고 있다. 러시아 서커스는 광장에서 시작되어 다양한 종류의 민속 예술을 흡수했다. 수백여 년 전 길거리 축제 및 장터에서는 곡예사, 줄타기꾼, 공으로 묘기를 부리는 사람, 곡마사, 차력사, 마술사 및 광대들을 볼 수 있었다. 상거래가 활발하던 러시아(특히 니제고롯스카야)의 장터들에서는 배우들이 방방곡곡에서 모여들었다. 이들을 일컬어 스코모로호와 발라간 배우들이라고 불렀다.

스코모로호들은 거리 축제와 장터에서 희극적인 무대를 선보였고, 훈련된 곰과 개들을 보여 주었으며, 곡예와 공 던지기 묘기를 부렸다. 발라간은 해학적 성격을 띤 민속극으로, 그 장르와 스타일은 다양했다. 1930년대까지만 해도 많은 러시아 도시의 시장에서는 널판으로 짜 맞춘 발라간 극이나 그 유명한 러시아 인형극을 보고 듣는 것이 가능했다. 바로 이 스코모로호들과 발라간 배우들이 서커스와 무대 예술의 초석을 마련한 것이라고 할 수 있는 것이다.

러시아에서는 시대를 불문하고 언제나 서커스가 사랑을 받아 왔는데, 이는 바로 서커스가 인생의 다면성과 풍부함을 드러내 주기 때문이다. 러시아 서커스의 주인공은 광대이다. 서커스는 풍자를 바탕으로 경직돼 있고, 바보 같고, 사람들의 즐거움을 가로막는 모든 것들에 맞서 저항해 왔다. 서커스는 단지 즐거움을 줄 뿐만이 아니라, 관객들을 가르치는 역할도 하고자 했다. 그렇기에 서커스는 귀족부터 평범한 소년까지 모두에게 이해되고 접근 가능한 것이었다. 어떤 사람이라도 자기 자신의 한 측면을 광대에게서 볼 수 있었던 것이다.

오늘날 가장 유명한 서커스는 츠베트노이 대로에 있는 모스크바 니쿨린 서커스와 베르낫스코보 대로에 있는 서커스이다.

츠베트노이 대로에 있는 모스크바 니쿨린 서커스는 러시아에서 가장 오래된 서커스 중 하나로서 역사가 100년도 넘는다. 서커스의 총 수용 인원은 2,000명이다. 이 서커스에 대해서는 아이부터 어른까지 그리고 러시아뿐만 아니라 해외에서도 모르는 사람이 없다. 이곳의 무대에서 서커스 예술의 거장들도 공연해 관객들에게 놀라움과 전율을 불러일으켰다.

모스크바 서커스가 세계에 선보인 최고의 대스타는 광대 유리 니쿨린이다. 사람들은 종종 오직 니쿨린을 보기 위해 서커스 입장권을 사기도 했다. 1985년, 옛 서커스 건물에서 마지막 공연이 열렸다. 이후 이 건물은 철거되었으며 1989년에는 새 건물이 지어졌다. 당시 〈옛 서커스, 안녕!〉이라는 프로그램하에 신축 서커스의 개관식 행사가 화려하게 열렸었다. 두 번째 서커스는 베르나드스코보 대로에 있는 서커스로서 모스크바 볼쇼이 서커스라고도 불린다. 이 서커스는 세계에서 가장 큰 규모를 자랑하며, 3,400명의 관객을 수용할 수 있다. 모스크바 볼쇼이 서커스의 모든 공연은 독특하며 무언가 신선한 것으로 즐거움을 준다. 일례로, 이 서커스의 공연 중에는 세계에서 유일하게 훈련된 고슴도치가 등장하는 부분이 있다. 이 작은 "가시"들은 공

중으로 날아올라 풍선 위에 내려앉고, 꽃들이 담긴 작은 손수레를 끄는 재주를 보여 준다. 훈련받은 짐승들이 등장하는 쇼를 좋아하는 사람이라면 누구나 반드시 이 서커스를 방문해야 한다. 아이 어른 할 것 없이 즐거운 시간을 보낼 수 있을 것이다.

페레스트로이카, 그리고 뒤이어 그리 성공적이지 못했던 경제 개혁 기간 동안 러시아의 서커스는 유난히도 어려운 문제들에 직면해야 했다. 그러나 모든 어려움들에도 불구하고 러시아의 서커스는 살아남아 더 높아진 수준에서 젊고 재능 있는 곡예사들을 배출해 내고 있다. 서커스의 언어는 통역이 없이도 모든 나라와 대륙들에서 이해가 가능한 것이기에, 러시아 서커스의 공연은 해외에서도 꾸준한 성공을 거두고 있다.

자타 공인 세계 최고로 꼽히고 있는 러시아의 서커스의 문은 언제나 활짝 열려 있다. 관객들은 놀랍고 매혹적인 곡예들로 가득한 잊지 못할 공연을 보게 될 것이다.

제9과

오늘날의 러시아어

현대에 세계의 언어 상황은 서로 상반되는 두 가지의 흐름으로 나누어 그 특성을 이야기할 수 있는데, 첫 번째는 민족 언어의 발전이며 두 번째는 몇몇 언어들의 세계어로서의 확장이다.

지구상에는 3,000개 이상의 언어가 존재하고 있는데, 이 중 전 세계 인구의 절반이 사용하는 일곱 개의 언어가 세계어로 간주되고 있다.

세계어는 무엇보다도 국제적 확산을 그 특징으로 한다. 오늘날 선두를 달리고 있는 것은 영어로, 5억 명의 사람들이 영어를 모국어나 공용어로 사용하고 있으며 10억 명 이상이 이를 외국어로서 구사한다. 2위는 중국어, 3위는 스페인어가 차지하며 프랑스어와 아랍어, 포르투갈어, 힌디어 또한 세계어의 반열에 포함된다.

러시아어의 경우 세계에서 네 번째로 널리 퍼져 있는 언어로, 2억 명 이상의 사람들이 러시아어를 모국어로 여기며 그중 1억 3천만 명은 러시아의 영토에 거주하고 있다. 러시아어를 제1 혹은 제2 언어로 구사하는 인구의 수는 약 3억에서 3억 5천만 명가량으로 추산되고 있다.

최근의 십여 년간 세계에서 러시아어의 영향이 줄어들고 있는가에 대해서는 논쟁의 여지가 남아 있다. 소련 붕괴 이전까지는 러시아어가 국제어로서의 기능을 했던 구소련 국가들에서의 언어적 상황이란 다분히 모순적인 성격의 것이며, 여기서 우리는 매우 다양한 경향들을 발견할 수 있다.

예를 들어 벨라루스나 카자흐스탄, 키르기스스탄에서 러시아어의 운명은 전혀 걱정할 만한 것이 아니다. 이곳에서는 인구의 대부분이 일상생활에서 러시아어를 사용한다.

그루지야나 아르메니아에서는 러시아인들이 소수민족으로 분류되고 있지만, 그래도 꽤 많은 인구가 러시아어를 구사한다.

우즈베키스탄이나 타지키스탄, 투르크메니스탄에서는 러시아어를 사용하는 사람들의 비율이 이웃한 카자흐스탄이나 키르기스스탄보다 적다. 그러나 이 세 국가들에서도 도시 사람들은 대부분 러시아어를 구사할 수 있다. 많은 사람들이 자신들끼리는 모국어로 이야기를 하다가도 다른 소수민족들과 대화를 할 때면 러시아어로 전환을 한다.

결국, 구소련 국가들에서 민족 언어의 역할이 커지고 있다고는 해도 여전히 러시아어는 학문과 문화, 국제 교류의 언어로 남아 있다. 러시아어 인터넷은 그 사용 인구의 수가 세계 4위이다. 이렇듯 러시아어는 충분히 정당하게 UN의 공식 언어 중 하나로 자리잡을 수 있었던 것이다.

다른 한편으로, 최근 러시아어는 러시아어 사용 인구의 감소나 영어식 표현 및 비속어의 등장, 부정확한 발음의 확산 등과 같은 심각한 문제들에 봉착해 있다. 이러한 질 낮은 어휘들은 많은 러시아어 사용 인구의 일상적인 언어 생활에 스며들었음을 인정하지 않을 수 없다.

물론, 전문가들은 이를 우려하고 있다. 국제러시아어문학교사협회 회장 류드밀라 베르비츠카야가 밝혔다시피, "러시아어 보전의 문제는 곧 국가의 안보 문제"인 것이다.

러시아 정부는 2007년을 러시아어의 해로 지정했는데, 이 과정에서 국내외에서 천여 개의 행사들이 기획되었다. 전문가들은 러시아어 보전 및 발전의 문제와 국제정치 · 사회 · 학문 분야에서 러시아어의 역할의 증대에 관해 논의했다.

러시아의 러시아어 문학자들에게 있어 가장 큰 과제는 민족 문화 유산으로서의 러시아어를 대중화시키는 일이었다. 러시아어는 그 고유의 독자성을 보존하며 광활한 영토와 긴 세월에 걸쳐 동서 언어들의 풍부함을 흡수하고 그리스-비잔틴, 라틴, 동양 및 고대 슬라브의 유산을 모두 물려받았다.

같은 해에 러시아의 블라디미르 푸틴 대통령은 러시아 국내외에서 러시아어 및 러시아 문화의 보전과 확산, 보급을 목표로 하는 재단 '루스키 미르'의 설립을 지시했다. '루스키 미르' 재단은 영국 문화원, 프랑코포니, 괴테 문화원, 세르반테스 문화원, 단테 문화원, 공자학원 등과 같은 권위 있는 기관들을 통해 자신들의 언어 보전에 힘써 온 다른 나라들의 경험에서 가장 유익한 것들만을 취한다. 또한 이 재단은 최신 기술과 진보적인 방식에 기반한 고유의 언어문화 프로그램들을 구축하고 있다.

'루스키 미르' 재단은 한국을 포함하여 해외에 러시아 센터들을 세우며 연구비 지원 프로그램을 시행하고, 러시아어와 문화의 발전을 겨냥한 다양한 행사를 조직하며, 홍보 활동들을 펼치고 있다.

제10과

키릴 총대주교 즉위하다

2009년 2월 1일에 새로 선출된 모스크바와 전 러시아 총대주교 키릴이 즉위하여 러시아 정교회 전체의 수장이 되었다. “악시오스!”(그리스어로 “가치 있는, 훌륭한, 존경할 만한”)라는 환호 속에 키예프와 상트페테르부르크의 대주교들은 새로 임명된 총대주교 키릴의 손을 잡고, 구세주 그리스도 성당의 제단 보좌에 그를 세 차례 앉히는 의식을 거행했다. 그는 제16대 지성至聖한 모스크바와 전 러시아 총대주교가 되었다. 교회력에는 총대주교의 즉위일인 2월 1일과 총대주교의 명명일인 5월 24일이 새로 기념일로 지정되었다.

총대주교 키릴은 1946년 11월 20일 레닌그라드의 사제의 가정에서 태어났다. 그는 레닌그라드 신학교와 레닌그라드 신학아카데미를 졸업했다. 1970년 6월에는 신학박사 학위를 수여받았다. 학위논문 심사 후에 그는 대학에서 교수장학생, 교리신학의 교수, 레닌그라드 신학아카데미의 감독관 비서였으며, 또한 대주교 니코딤의 개인 비서로 임명되었다.

1971년 키릴은 승원관장 고위에 올랐고, 제네바 세계교회회의에서 모스크바 총대주교의 대리자로 임명되었다. 1972년 키릴은 총대주교인 피멘과 함께 근동 지역과 불가리아, 유고슬라비아, 그리스, 루마니아를 여행했다. 1974년 12월 그는 레닌그라드 신학아카데미과 신학교의 학장으로 임명되었고, 1975년 6월에는 레닌그라드 대주교 관구협회 대표자로 임명되었다. 1976년 3월 14일에는 알렉산드르 넵스키 수도원의 성삼위일체 본당에서 비보르그 주교와 레닌그라드 그리스 정교 감독관구의 부주교 직위가 수여되었다. 1977년 9월 2일 주교 고위에 올랐으며, 9월 5일에 기념 휼장을 수여받았다. 1984년 12월 26일에 스몰렌스크와 뱌젬스크의 부주교가 되었으며, 1989년 4월에는 칭호가 스몰렌스크와 칼리닌그라드의 주교로 바뀌었다. 1989년 11월 14일부터 종교회의의 결정으로 키릴은 대외협력위원회의 의장으로 임명되었고, 종교회의의 상임 정회원직에 임명되었다. 1991년 2월 25일 키릴은 대주교 고위에 올랐다. 그는 1994년부터 방영된 러시아 제1채널의 〈사제의 강론〉이라는 TV프로그램의 제작과 진행을 맡기도 했으며, 다른 유사한 TV프로그램의 제작에도 참여했다.

2008년 12월 6일 러시아 정교회 특별 종교회의에서 모스크바와 전 러시아 총대주교인 알렉세이 2세의 서거로 인해 대주교 키릴은 비밀투표로 총대주교 서리로 선출되었다.

총대주교 키릴은 교회가 수여하는 일련의 상들과 "국가에 대한 공로"를 인정받아 국민 화합과 화해의 국가훈장 제3급을 수여받았다.

러시아 정교회의 새로운 수장은 교회의 통합을 보존할 것이라고 밝히며, "총대주교는 동료 주교들과 함께 교회의 내적 통합을 지키며 신앙의 순수성을 수호하는 사람"이라고 말했다. 그는 또한 총대주교의 과제는 분열과 사이비 신앙을 허용하지 않는 것이라고도 지적했으며, 다양한 견해는 "하느님의 집을 건설하는 공동의 과제를 약화시켜서는 안 될 것"이라고 강조하기도 했다.

총대주교는 자신의 연설에서 젊은이들에게 특별한 관심을 기울였다. "폭력과 타락의 프로파간다가 영혼을 훔쳐 가는" 오늘날, 교회는 젊은이들을 마냥 기다리기만 하는 것이 아니라 그들을 향해 먼저 나아가야만 한다고 키릴은 말했다. "우리의 특별한 관심의 대상은 젊은이들이 될 것"이라고 그는 단언했다.

새로운 러시아 정교회의 수장은 정교政教 분리의 원칙에 입각한 헌법에 따라 러시아 연방정부와의 관계를 정립해 나갈 계획이다. 그는 교회와 정부간의 관계가 헌법적 기반에 근거하여 결정되어야 하며, 교회와 국가의 복지에 이바지해야 한다고 밝혔다.

정교회 국민들을 향한 자신의 첫 번째 메시지에서 러시아 정교회의 수장은 자신의 즉위식에 참석했던 러시아연방의 드미트리 메드베데프 대통령과 블라디미르 푸틴 총리를 환영했다.

메드베데프는 자신의 축사에서 러시아 정교와 국가 간의 공동의 전면적 대화에 대한 희망을 피력했다. "새로운 총대주교의 즉위는 우리 나라와 모든 정교인들의 삶에 대사건이다. 이것은 우리 나라 정교회의 발전에 새로운 시대를 연 사건이며, 우리는 러시아 정교와 국가 간에 가치 있는 공동 대화를 위한 새로운 환경이 조성되기를 희망한다"라고 대통령은 말했다.

또한 메드베데프는 러시아가 다양한 종교를 믿는 사람들이 사는 다민족 국가이며, 이러한 의미에서 모스크바와 전 러시아 총대주교의 사명이 매우 특별한 것임을 상기시켰다. 사제들이 먼저 성찬식을 거행한 뒤 제단에서 성수가 담긴 그릇을 가지고 나온 후 러시아 대통령의 영부인 스베틀라나 메드베데바가 처음으로 성찬에 참여했다.

총대주교 키릴은 전 세계 정교회의 통합에 관심을 기울일 것이라고 말하는 한편 다른 정교회 대표자들과의 대화에 나설 준비가 되어 있음을 확인했다. "모든 정교회 대표자들은 전 세계 정교회의 통합에 대해 관심을 기울이도록 부름을 받았다"라고 그는 말했다.

키릴 이전의 총대주교인 알렉세이 2세의 재위 기간에 있었던 가장 중요한 사건은 혁명과 내전, 그리고 볼셰비키들의 무신론 정권으로 말미암은 거의 90여 년에 걸친 분열 이후 이루어진 국내와 국외의 러시아 정교회들의 통합이었다.

2007년 5월 17일 총대주교 알렉세이 2세와 해외 러시아 정교회의 제1사제인 라브르 대주교는 러시아인들의 영적 통합을 재건시키자는 교회 법령에 서명을 했다.

새로운 총대주교의 즉위는 1931년에 폭파된 자리에 재건된 러시아 정교회 사원인 구세주 그리스도 성당에서 최초로 거행됐다. 제16대 총대주교가 앉은 보좌는 폭파되기 전의 사원에 놓여 있었던 바로 그 보좌였다. 사원이

폭파되기 전에 그 보좌는 알렉산드르 넵스키 성당의 트로이츠키 사원에 성공리에 안전하게 옮겨졌으며, 그곳에서 수년간 무사히 보존되었다. 구세주 그리스도 성당이 복구된 이후 보좌는 본래의 자리로 돌아왔다.

이전의 총대주교들이 입었던 법의들과 총대주교 키릴에게 넘겨진 표트르 대주교의 오래된 지팡이는 러시아 정교회 수장의 권력 계승의 상징인 동시에 전통의 충실한 계승을 나타낸다.

제11과

블라디미르 레닌의 동상

예술작품인가, 이데올로기적 상징인가?

상트페테르부르크의 핀란드 역 앞 광장에는 러시아 사람이라면 누구에게나 유명한, 1917년 러시아 혁명의 지도자이자 주역인 블라디미르 레닌의 동상이 서 있다. 잘 알려져 있다시피, 이 혁명은 세계에서 가장 넓은 영토와 풍부한 자연 및 인적 자원을 보유하고 있는 거대한 나라의 모든 기반을 뒤흔들어 놓았다.

전 세계를 두 개의 대립 진영으로 갈라 놓은 이 사건은 인류 전체로 볼 때는 결코 헛된 일이 아니었다. 역사는 필요한 부분들에 역점을 두면서 더 객관적인 시각을 제공한다. 그러나 현재로서는 이에 대한 명확한 평가를 요구하기가 어렵다. 왜냐하면 최소한 4대에 걸친 러시아인들의 삶과 인식은 과거에도 그러했으며 현재까지도 1917년 10월 혁명의 결과들에 의해 규정되고 있기 때문이다. 이는 이 원대한 사건의 주창자이자 지도자인 인물에 대한 평가 역시 오랜 세월 동안 다양한 형태로 존재할 것이라는 걸 의미한다.

어찌되었든, 핀란드 역 앞의 레닌 동상을 허물려는 시도들이 있어 왔다. 그 결과 동상의 일부가 훼손되었고, 이 동상을 복원시킬 필요가 있는지 아니면 아예 없애 버리고 끝을 낼 것인가에 대한 문제가 제기되었다. 이는 결코 하찮은 문제가 아니었다.

러시아에서 공산주의 체제가 무너진 뒤 사람들은 자연히 구체제로의 복귀를 주장하는 사람들, 민주주의 체제의 지지자들, 그리고 이 중 어느 것도 수용하지 않는 사람들의 그룹으로 나뉘었다.

공산주의 체제의 지지자들은 어떤 방법으로든 동상을 복구할 것을 요구했을 뿐만 아니라, 레닌의 부인이자 전우인 나데즈다 크룹스카야의 동상까지 세우고자 했다. 이는 충분히 납득 가능한 것이다. 오랜 기간 동안 레닌은 사람들에게 공산주의의 영혼을 심어 주는 중요한 의식儀式적 역할을 하는 이데올로기적 상징이자 그들 고유의 우상이었던 것이다.

한편, 어려운 경제적 상황 속에서 돈벌이와 구직이 아니라 레닌에 대한 찬반 논쟁으로 시간을 보내는 평범한 사람들을 상상하기란 힘든 일이다. 더구나 그의 동상을 허물고자 하는 이들까지 존재하는 상황에서는 말이다. 따라서 그리 오래지 않은 과거의 이데올로기 투쟁은 아직 쇠퇴하지 않았으며, 이와 같이 이상한 형태로 지속되고 있는 것이라고 추측할 수 있다.

그러나 지금 당장 다룰 논의는 이데올로기 투쟁이 아니라 예술에 대한 것이다. 사실 레닌에 대해서는 어떤 식으로든 생각할 수 있으나, 동상이라는 건 어쨌든 예술 작품이자 시대의 상징이 아닌가!

레닌의 동상들에 대해 얘기하자면, 소련에서는 셀 수 없을 만큼 많은 동상들이 제작되었다. 이들 중 대다수는 어떠한 예술적 가치도 지니지 않는 것으로 여겨진다. 물론, 이러한 동상들은 철거되어야만 한다. 그러나 예술적으로 큰 가치를 갖는 동상들도 분명히 존재한다. 이러한 동상들은 그 수가 많지 않기 때문에, 이데올로기와는 무관하게 보존해야 할 가치가 있다. 오늘날 러시아에 독재정치를 옹호하는 사람은 아무도 없지만, 누구도 표트르 1세의 동상(푸시킨의 절묘한 표현에 의해 '청동 기마상'으로 더 잘 알려진)을 허물 생각을 하지는 않지 않은가! 세상에 미학적으로 뛰어난 예술 창작품들은 극소수일지언정 분명 존재하기는 한다. 핀란드 역에 있는 동상은 물론 청동 기마상은 아니지만, 조각 예술의 흥미로운 한 예이다. 보이는 바대로, 이 동상은 바로 예술품의 하나로 손꼽힐 수 있는 것이다. 만일 레닌의 동상을 철거한다면, 가치가 있거나 시민들에게 의미 있는 장소로 여겨지는 것들을 남겨 둬야 한다. 핀란드 역의 레닌 동상은 단지 러시아 역사에서의 특정 중요한 순간에 대한 기억일 뿐만이 아니라, 그 자체로 하나의 사건이다.

청동상은 1917년 레닌이 페트로그라드(현 페테르부르크)로 돌아온 후 장갑차 위에서 그 유명한 연설을 낭독했던 핀란드 역의 바로 그 자리에 세워진 것이었다. 혁명은 바로 여기에서부터 시작된 것이다.

이 동상은 소련 시대 최초의 기념 동상들 중 하나이다. 이 기념비의 제작자는 조각가 세르게이 예브세예프와 건축가 블라디미르 시코, 그리고 블라디미르 겔프레이흐였다.

주춧대까지 합친 동상의 높이는 10미터가량 된다. 러시아에서의 정치적 변화에도 불구하고 핀란드 역 앞 레닌의 동상은 단 한 번도 주춧대에서 내려온 적이 없었다. 제2차 세계대전 때에도 동상은 훼손되지 않았다. 시민들은 모래를 쌓아 올려 동상을 덮고 판자로 상자를 만들어 가림으로써 폭격으로부터 동상을 지켜 냈다.

이렇게 독일의 폭격기들조차도 파괴하지 못한 동상을 몇몇 악인들이 훼손하고자 시도했다. 동상의 복원에 대한 질문은 아직 해결되지 않고 있다. 언제나 그랬듯이, 이념은 이념일 뿐이다—하지만 동상의 복원에 대한 문제를 해결하는 것은 결국 재정 부서들에 달려 있다…

제12과

2014년 동계올림픽이 소치에서 개최되다

2014년 동계올림픽이 흑해 연안의 러시아 도시인 소치에서 개최되는 것으로 국제올림픽위원회에 의해 결정되었다. 이 대회의 유치를 놓고 소치는 한국의 평창, 그리고 오스트리아의 잘츠부르크와 경합을 벌였다.

소치가 승리할 수 있었던 근본적인 요인은 혁신적인 구상, 그리고 푸틴의 적극적인 프로젝트 지원이었다. 올림픽위원회에서는 두 차례에 걸쳐 개최지 투표를 했는데, 1차 투표에서 잘츠부르크가 탈락했다. 2차 투표에서는 평창이 47표, 소치가 51표를 얻어 러시아에서 최초로 동계올림픽이 열리게 되었다.

러시아 대통령은 영어와 프랑스어 두 언어로 신청서를 발표했는데, 이 역시 소치가 유치권을 따오는 데 도움이 되었을 것이다. 대통령은 올림픽 인프라를 제 시기에 완공할 것과 올림픽 참가자들의 안전 보장을 약속했다. 또한 그는 대회 기간 동안 교통 혼잡이 없을 것이며, 소치의 강설량도 충분할 것이라고 확언했다.

이 유명한 러시아 휴양지가 올림픽 개최지로 뽑히는 데에는 전 국민적 지원 역시도 의심할 여지 없이 큰 역할을 했다.

러시아의 성공으로 고무된 소치 동계올림픽 유치위원회장은 2014년의 동계올림픽이 "환상적으로" 치러질 것이라고 약속했다.

크라스노다르 지방 주지사는 2014년 동계올림픽 유치는 소치가 더욱 강화된 힘으로 발전할 수 있는 원동력이 될 것임을 확신했다.

정부는 사회 인프라의 발전과 올림픽 시설의 건설을 담당할 국영기업을 설립하기로 결정을 내렸다. 이것은 말 그대로 국영기업이 될 것인데, 왜냐하면 연방 예산의 상당한 부분이 인프라의 개발에 투입될 것이기 때문이다. 또한 다수의 비즈니스 조직과 개인 사업체들도 여기에 참여하게 된다.

2014년 올림픽 준비의 시작은 이것이 도시와 지역의 미래에 어떤 영향을 끼칠 것인지에 대해 많은 논쟁을 야기했다. 부동산 가격의 상승은 일반 시민들의 삶에 영향을 줄 수 있다. 그러나 교통 시설의 발전은 현재로서는 시민들로부터 긍정적인 반응을 끌어내고 있다. 적어도 제출된 기획안들은 좋은 반응을 얻고 있다.

소치는 항구를 낀 휴양지로 매력적이지만, 바다를 통해 도시로 들어오는 것은 현재로서는 다분히 문제의 소지가 있다. 도시의 항구에 여객선들이 들어올 수 있게 하는 것이 중요한 과제인 것이다.

공항과 관련하여, 중요한 과제들이 남아 있는데, 소치와 아나페 그리고 겔렌즈케와 같은 흑해 연안의 도시 세 곳에 국제 공항의 건설이 예정되어 있다.

소치부터 크라스나야 폴랴나까지 이어지는 경전철의 부설과 모스크바-아들레르 간 고속철도 구상도 계획 중에 있다.

전문가들은 투자 대상으로서 소치가 갖는 매력이 도시 주민들에게 도움이 되고 있다고 말한다. 주민들의 아파트 가격이 오르고 있으며, 새로운 일자리들이 많이 창출되고 있기 때문이다.

소치가 2014년 동계올림픽 개최지로 선정되었다는 발표가 나자마자 도시의 부동산 가격은 40-100% 정도 상승했다. 그러나 이후 금융위기 발발의 영향으로 소치의 부동산 가격은 다시 20-30%가량 하락했다.

소치의 경찰 병력은 1,000명이 늘어났는데, 이것은 지역의 안전 문제에 더 신경을 쓰기 위한 노력의 일환이다.

2008년 말 소치에는 이미 두 곳의 올림픽 시설이 성대하게 완공되었는데, 그중 하나는 크라스나야 폴랴나에 위치한 '고르나야 카루셀'이라는 스포츠 관광단지이다. 이 단지는 전체 6.5킬로미터 길이의 두 스키 주로로 이루어져 있으며, 이미 지금도 스키를 탈 수 있게 되어 있다.

두 번째는 이메레티야 분지에 위치한 철도화물 하역장으로, 이 하역장은 올림픽 시설들 간에 건설 자재를 수송하는 물류 중심지 기능을 수행할 것이다.

생태 프로그램인 '소치 2014' 프로젝트에 따라 쓰레기 소각장에 있던 70미터 길이의 파이프가 철거되기도 했다. 이 파이프로부터 뿜어져 나온 유해 분출물들은 지난 1990년대 초부터 환경을 오염시켜 왔다.

'소치 2014' 프로젝트에 따라 쓰레기 소각장의 부지에는 쓰레기 재가공 단지가 새로 세워질 것이며, 이는 도시 자체에서 발생하는 폐기물뿐만 아니라 올림픽경기 및 장애인 올림픽경기의 진행 과정에서 발생하는 폐기물들도 생태적으로 안전하게 처리할 수 있게 만들어 준다.

국제올림픽위원회, 유네스코, 한국올림픽위원회와 부산시가 조직위원으로 참여한 스포츠, 교육, 문화에 관한 여섯 번째 국제 포럼에서 '소치 2014'의 조직위원회는 올림픽 관계자들과 국제 전문가들에게 장기 교육 프로그램을 소개하기도 했다.

교육 프로그램 '소치 2014'는 소치 동계올림픽대회의 근간을 구성하는 두 가지 목표로 특수교육과 계몽을 꼽는다. 특수교육의 핵심은 소치의 올림픽공원에 종합적인 기능의 국제 올림픽대학교를 설립하는 것이다. 국제 올림픽대학교의 학생들은 2012년부터 일련의 교육과정들을 밟을 수 있게 되는데, 여기에는 2년간의 전문 석사과정, 제2고등교육 단계의 MBA(경영학 석사) 2년 과정, 그리고 단기 연수 과정도 포함된다. 조직위원회의 전문가들은 '소치 2014'의 계몽적 역할을 특히 강조했는데, 올림픽대회의 개최는 러시아 사회에서 긍정적인 변화를 가능하게 할 것이며, 특히 장애를 지닌 사람들, 자연환경 및 지적 재산권의 보호 문제에 대한 태도의 변화를 촉진시킬 것이다.

제13과

브릭스

브라질, 러시아, 인도, 중국의 머리글자를 딴 약어인 브릭스BRICs는 새로운 세계의 현실을 반영하며 점점 더 자주 정치인들의 입과 대중매체에 오르내리고 있다.

냉전의 종식과 함께 국가들 간 실질적 평등의 전제 조건이 생겨났다. 물론 미국이 어떠한 세계체제의 형태에서도 강력한 국력에 힘입어 특별한 위치를 차지할 것이라 할지라도, 이미 오늘날에는 국제정치 과정 속 대다수 참가자들을 만족시킬 만큼 견고한 단극화된 세계는 더 이상 존재하지 않는다.

최근에 국제통화기금과 세계은행의 권위가 상당히 실추되었고, 유감스럽지만 UN 또한 자신의 효율성과 위기 상황을 관리할 수 있는 가능성을 점점 잃어 가고 있다.

그 어느 누구도 혼자서는 효율적인 국제정치를 보장할 수 없다는 것이 명백해졌다. 현재 당면한 문제와 전 인류에게 공통적인 위기 및 도전에 공동으로 대응하기 위해 탄력적이고 다면적인 네트워크 외교와 세계의 주도적 국가들의 집단 지도체제에 대한 요구가 눈에 띄게 거세지고 있다.

세계는 국제관계의 탈이데올로기화와 긍정적인 의제 형성, 그리고 국제관계의 법적 기반 강화의 필요성을 점점 더 절실히 인식하고 있다.

이러한 과제들의 해결에 있어 새로운 경제 성장과 정치적 영향력의 중심으로 정당하게 간주되는 브라질, 러시아, 인도, 중국이 비중 있는 역할을 하도록 부름 받은 것이다.

이 나라들의 발전하는 경제는 현대의 국제관계 메커니즘이 21세기의 현실에는 적합하지 않다는 것을 한데 웅변하고 있다. 그들은 국제법(UN 헌장에 근거한)과 국가 간 협력에 근거하여 정당하고 민주적인 세계질서를 새로 세울 것을 제안하고 있다.

세계는 지정학적 균형의 새로운 변화의 시기로 자연스럽게 접어들었다. 인류의 역사에서 이와 같은 변화는 무엇보다 전쟁과 무력을 통해 이루어져 왔다. 그러나 지금 역사상 최초로, 발전하는 국가들과 더불어 세계의 빈곤한 저개발 국가들의 평화적이고 문명적인 국운 상승의 기회가 나타난 것이다.

브릭스 정부의 역할은 국가의 규모에 의해서만 결정되는 것은 아니다. 이들은 거대한 나라들로, 전 세계 육지 면적의 1/4 이상인 25.9%를 차지하고, 여기에는 전 지구 인구의 40% 이상인 27억 명이 살고 있다. 그 밖에도 이 국가들은 많은 천연자원과 산업 잠재력, 높은 수준의 문화를 보유하고 있는 해당 지역의 선두 국가들이다.

한편 경제적, 정치적, 기술적, 군사적 잠재력이라는 측면에서 브릭스 국가들 사이에 존재하는 불균형과 미국 및 다른 서방 선진 국가들과의 사이에서 나타나는 불균형에 관해서도 간과하지 말아야 한다. 브릭스 국가들의 GDP 총액은 미국 한 나라의 GDP 총액보다도 훨씬 적으며, 이러한 상황은 앞으로도 수년간 더 지속될 것이다. 일인당 국민소득에 있어서도 선진국들에 비해 훨씬 뒤처지며, 이러한 후진성을 극복할 수 있는 가능성을 가까운 미래에서 찾을 수는 없다. 미국은 오늘날 일인당 8천 달러의 세금을 징수하고 있으며, 중국과 러시아는 각각 500달러, 인도는 200달러를 징수한다.

이 네 국가들을 자연스럽게 동맹국으로 묶어 생각할 수 있을까? 알다시피 브릭스 국가들은 지경학적 및 지정학적 조건이 매우 판이하다. 그 국가들 간에는 예를 들어 유럽연합에서와 같은 문명적 혹은 종교적 공통성이 없다.

정치체제들도 매우 다양하다. 브라질과 인도는 서구식의 민주주의 국가이고, 러시아는 자신만의 형태의 민주주의를 표방하고 있으며, 중국은 사실상 공산당 일당 체제이다.

경제구조 또한 상이하다. 러시아가 에너지 자원 수출국이라면 인도와 중국은 이 에너지 자원의 세계적인 소비 국가이다. 브라질은 향후 수출국 반열에 들 수 있으며, 현재에도 이미 바이오 연료의 사용에 있어서는 세계적으로 선두를 달리고 있다. 4개국 모두 고부가가치 기술 분야에 진지한 열망을 표방하고 있다. 대량 기술 차용을 목표로 하는 중국은 혁신적인 주도 전략으로의 이행을 이미 시작하고 있다.

브릭스 국가들의 금융체계에도 상당히 큰 차이가 존재한다. 러시아와 브라질은 좀더 개방적이며, 중국과 인도는 상대적으로 더 폐쇄적이다. 이러한 상황이 경제정책에 있어서 공동의 단일한 정책을 개발하는 것을 어렵게 만드는 요소가 된다.

정치 분야에서도 일련의 심각한 모순들이 존재한다. 특히 이것은 중국과 인도 간의 관계에서 찾아볼 수 있다. 두 국가 간의 무역 관계는 상당히 발전돼 있음에도 불구하고 파키스탄과의 관계나 국경, 핵 문제가 관련된 논쟁거리들이 존재한다. 반대로 러시아와 인도는 높은 정치적 상호 협력 수준에도 불구하고 상호 교역의 수준은 미미하다.

4개국은 지리적으로 대외 경제정책의 우선순위가 판이하다. 러시아로서는 무엇보다도 포스트소비에트 국가들과 유럽연합이 가장 중요하다. 러시아 외교의 동아시아와 라틴 아메리카 영역은 빠르게 형성되고 있으나 아직 완성된 단계는 아니다.

중국의 경우는 물론 기본적인 우선순위를 아시아·태평양 지역에 두고 있다. 그러나 이 경우에도 베이징은 사방으로 경제적 관심을 표명하며 자신의 경제적 위상을 글로벌 수준으로 적극적으로 끌어올리고 있다. 인도는 남아시아에서, 그리고 브라질은 라틴 아메리카에서 지역에서 주도적 역할을 하고 있다.

상이한 지리와 역사적 배경은 안보 분야의 다양한 의제를 미리 규정하는 다양한 지정학적인 입장을 결정한다. 브릭스 국가들은 서로 상이한 일련의 국제적 의무들을 지니고 있어서, 자신들만의 고유한 이익을 고수하면서 여러 동맹과 국제기구에 소속되어 있다.

브릭스 국가들은 전적으로 서구와 완전히 일치하는 의제를 가질 수가 없다. 예를 들어, 4개국은 모두 블록정치나 국제정치의 군사화를 반대하고 있다. 그러나 NATO의 확대 문제나 미국의 미사일방어계획(MD) 현대화의 문제는 러시아와 중국에게는 매우 심각한 문제이지만 인도나 브라질로서는 덜 시급한 현안이다.

그러나 네 나라에게 절대적인 이익이나 가치 기준, 문화적 · 문명적 역사 배경이 없다는 사실은 오히려 이 네 국가 조합의 독특한 우월성을 형성한다.

네 국가는 서로를 전략적 동반자로 간주하면서 공동의 전선을 형성하여 더욱 효율적으로 공동의 노력을 기울이고, 자신들의 단일화된 정치경제적 위상을 국제적 문제(세계 발전을 위한 국제 통치 시스템의 회복, 국제 테러 및 국가 간 범죄와의 전쟁, 경제 침체의 예방, 식량 및 에너지 안보의 추구 등) 해결에 활용할 수 있다고 간주한다.

가까운 시일 내에 브릭스 연합이 되어서도 안 되고 될 수도 없는 것이 어떠한 것인지에 대한 일치된 견해가 있다. 우선적으로, 브릭스 연합은 군사정치적 블록이 될 수 없으며, 집단 안보 기구, 통합된 국가 간 기구가 될 수 없으며, 심지어는 관세동맹이나 자유무역 지대도 될 수 없다.

하나의 그룹을 이루려면, 브릭스는 조직성과 비동맹성, 비대결성, 그리고 제3국에 대한 비적대성의 원칙에 의해 세워져야 한다.

브릭스 국가들의 발달은 공통의 이익에 대한 인식의 제고와 함께 나타나며, 정치외교적 노력으로 강화된 통합의 전제 조건을 형성한다.

2005년부터는 4개국 간의 외무차관 협의가 시작되었다. 실질적인 브릭스 국가들 간 상호 협력은 2006년 9월 푸틴 대통령의 발의(뉴욕 UN총회의 틀에서)에 의해 제1회 4개국 외무장관 회담이 열리면서 시작되었다.

2008년 7월 9일 일본에서는 G8 정상회의의 틀에서 러시아 측의 발의로 4개국 정상들 간의 제1차 회담이 열렸고, 바로 여기에서 2009년의 본격적인 브릭스 정상회담 준비에 대한 합의가 도출되었다.

브릭스 국가 정상들은 2009년 6월 16일에 예카테린부르크에서 제1회 공식 정상회담을 통해 다시 모였다. 이곳에서 러시아 드미트리 메드베데프 대통령은 브릭스 국가 정상들을 대표하여 성명을 발표했으며, 2010년 브라질에서 두 번째 정상회담을 개최할 것을 합의했다.

제14과

지구 온난화는 어떤 위협을 가져왔는가?

지구 온난화는 러시아 산업과 시장에 2/3의 변화를 야기한다

때로는 덥게 때로는 춥게

러시아는 매년 점점 더 더워진다. 최근 10년간 평균 기온은 1℃가 올랐는데, 이것은 대략 지난 1세기 동안에 일어난 기온 상승의 결과와 같다. 이로 인하여 기온의 격차와 우박, 폭우, 가뭄, 홍수 등 자연재해가 잦아지는 등 기후는 안정성을 잃었다.

아직도 학자들은 기후 온난화의 원인이 무엇인지에 관해 논쟁을 벌이고 있는데, 이는 산업화로 인한 대기 중 온실가스 배출량 증가 때문일 수도 있고, 지구상에서의 수세기에 걸친 빙하기와 해빙기의 자연스러운 반복에 의한 것일 수도 있으며, 혹은 태양 표면의 흑점의 왕성한 활동 때문일 수도 있다. 경제학자들은 이러한 기후 변화에 따라 경제 활동의 영역에서 발생할 손익 가능성을 계산한다. 그들의 평가에 따르면, 기온 상승은 교통, 전력, 석유가스 부문, 건설, 공영 사업, 대규모 농업과 관광과 같은 약 70%의 산업 분야와 시장에 영향을 미치는데, 특히 전통적으로 기상예보에 의존적인 부문에 영향을 끼친다.

날씨와 수입

몇몇 학자들(예컨대 니콜라스 스테른)은 기후 변화가 경제적으로 긍정적인 효과를 줄 것이라고 생각한다. 농업과 관광산업 부문에서는 유리한 조건이 형성되고, 건물 난방에 더 적은 연료가 소비되고, 혹한으로 사망하는 사람의 수가 줄어들 것이다.

기온의 변화에 따라, 전력 판매량은 월별 4%까지 변동하는데, 전력 소비 수준은 기온 상승으로 인해 내려가는 것이 아니라 오히려 올라간다. 소비자들은 에너지를 난방에 소비하는 것이 아니라 실내의 온도를 낮추는 데에 소비할 것이다. 온난화는 가스회사에 손해만 끼친다. 전문가의 평가에 따르면, 따뜻한 겨울과 더운 여름에는 가스 판매량이 월 10%까지 하락할 수 있다고 한다.

그리고 교통 부문에서는 기온뿐만이 아니라 이상기후의 발생 빈도도 중요하다. 예를 들어 최근 2년간 폭풍우와 강한 파도 그리고 기상 예측의 어려움 때문에 바다나 하천에서 40대 이상의 선박이 가라앉거나 파손되었다. 따라서 해운업자들은 아마도 날씨 덕에 수입이 늘어나지는 않을 것이다.

위험한 기후 현상 때문에 현재 대지주들은 178억 루블의 손해를 보고 있고, 이후로도 곡물 수확에 치명적인 천재지변은 점점 잦아질 것이다. 그러나 다른 한편으로 기온 상승으로 인한 풍작은 이를 상쇄하는 요소가 되기도 할 것이다.

기후 변화의 덕을 보는 사업

이상기후는 일련의 거대한 규모의 부수적 시장의 발전을 위한 새로운 가능성을 제공한다. 첫째로 전문화된 기상 예측과 기업 활동을 위한 기상 정보 서비스와 같은 분야가 급격히 성장할 것이다.

오늘날 해당 산업 분야의 특성상 날씨 변화를 가장 민감하게 모니터링해야 하는 항공사와 해상 교통이 그 주요 고객이다. 아에로플로트 사의 평가에 따르면, 만약 악천후 때문에 보잉 747기가 엉뚱한 공항에 착륙한다면, 항공사는 최대 2만 5천 달러까지 손해를 입게 된다. 이러한 측면에서 기상 예보에 대한 지출은 단지 소액에 지나지 않을 뿐이다.

러시아 기업의 기상 정보 제공 서비스 시장의 성장 잠재력은 10배가량 증가될 것으로 보인다. 이에 따라 기상학자들은 건설, 도로, 무역 그리고 석유가스 분야에서 새로운 소비자들을 찾고 있다.

악천후에 대비한 보험

점점 잦아지는 기후 격변은 사업가들로 하여금 보험사로부터 해결책을 찾도록 한다. 따라서 날씨의 위험과 자연재해에 관한 보험 서비스 분야 또한 급속도로 성장하고 있다.

전문가들은 정부로부터 보조금을 받아 자연재해로 인한 수확의 손실을 보상해 주는 보험 시장이 가장 잠재력이 높은 분야라고 평가한다. 그러나 이러한 농업보험 시장의 발전을 저해하는 요소는 다양한 지역과 농업 작물에 따른 위험한 기상 현상에 대한 완전한 분류 체계가 없다는 점이다.

여름철

따뜻한 겨울과 더운 여름은 모든 여름용 계절상품 생산자들, 특히 맥주, 크바스, 아이스크림, 그리고 에어컨 생산자들에게는 참으로 "하늘이 주는 양식"이 아닐 수 없다.

전문가들의 평가에 따르면, 여름철에 기온이 1도 상승하면, 노점에서 아이스크림 매상은 10% 증가하고, 가게에서는 5% 증가하며, 크바스의 판매는 13% 증가한다.

그러나 여름철 상품들을 생산하는 사람들이 모두 기온 상승으로부터 이익을 얻지는 않는다. 만약 기온 상승이 오래 지속된다면 다행이지만 비가 오고 서늘한 날씨와 더운 날씨가 반복적으로 나타나면 매상은 오히려 떨어진다. 모든 이상기후는 무역 종사자, 주차장과 창고 직원들로부터 생산 설비 담당자들에 이르기까지 모든 분야의 종사자들에게 예측할 수 없는 부담을 가중시키기 마련이기 때문이다.

기상 변화 대응의 기술

다른 지역에 지부를 두고 있는 회사라면 변덕스런 날씨로 인한 위험을 최소

화할 수 있다. 만약 한 지역에서 날씨로 인해 매출에 피해를 본다면, 그 지역에서 일어난 손실들을 다른 대체 가능한 날씨의 지역에서 보상받을 수 있기 때문이다.

최근 기상예보에 많이 영향을 받는 분야에서는 완전히 새로운 대응 수단인 '날씨 선물환'이 나타나고 있다. 이는 악천후로 인한 직접적인 손해와 판매 하락을 보상하는 것을 가능케 하는 특별한 금융 재정 상품과 관련된 것이다. 브누코보 공항에서의 기준달의 평균 기온이 기초적인 자산가치가 된다. 계산 방식은 다음과 같다. 만약 1월에 기온이 영하 10도 보다 1도가 더 떨어진 것으로 나타나면, 건설 회사는 5억 루블의 부가적인 지출이 발생한다는 것을 전제로 하자. 건설 회사가 만약 온도가 영하 10도보다 더 낮다면 이러한 경우에 5억 루블의 수입을 거래소에서 받게 되는 선물환 계약을 맺는다. 만약 해당 월이 기준보다 춥게 되면, 회사는 자신의 지출을 선물환으로부터의 이윤으로 보상받는다. 만약 따뜻하다면, 설립자는 많지 않은 돈을 선물환에 지출한 셈이 된다. 그 대신에 예측하지 못한 지출은 없을 것이다.

세상에는 이런 금융 상품들이 널리 보급되어 있다. 최초의 날씨 선물환에 의한 거래는 시카고 상품거래소에서 1999년에 이루어졌으며, 오늘날 세계적인 날씨 금융 재정 시장은 약 500억 달러 규모로 추산된다. 러시아 시장 또한 주목할 만한데, 이 금융 상품의 출시 이후 첫 1-2년 만에 약 50억 달러가 되었으며, 10년 후엔 수백억 달러까지도 성장할 수 있다.

따라서 어떤 경우에도 날씨에 관한 일상적인 문제는 오늘날 새로운 경제적인 의미까지 갖는다. 날씨를 둘러싸고 수십억 달러 규모의 거대 시장이 성장하고 있기 때문이다.

묵시록 2030

기온 상승의 시작 단계에서는 캐나다, 스칸디나비아, 러시아와 같은 북부 국가들이 경제적 이익을 얻을 것이다. 그러나 단지 기온 상승이 6도 이내로 이뤄진다는 조건에서이다. 만약 기온이 이보다 더 높아진다면, 러시아에서는 심각한 대혼란이 야기될 것이다.

남부 지역의 비옥한 흑토에서 가뭄, 심한 회오리바람, 태풍, 홍수 그리고 해충이나 동물의 습격도 수확에 심각한 위협이 되고 있다. 그 외에도 북부 지역에서는 영구동토층이 녹기 시작할 것이며, 이 때문에 건물, 길, 수송용 파이프, 수력발전소와 같은 인프라가 붕괴될 수도 있다. 인구 14만 명의 노릴스크와 같이 영구동토지대에 위치한 주거지의 인구 감소 전망은 점점 현실로 다가오고 있다. 해양의 수면 상승으로 인해 상트페테르부르크와 같은 연안 도시들은 침몰되거나 혹은 높은 둑에 의해서만 존속할 수 있을 것이다. 시베리아 이탄 습지가 녹는 것은 온실효과로 인한 탄산가스의 배출보다 21배나 더 위험한 메탄가스의 방사를 일으킨다. 러시아에서는 난방에 대한 지출 대신에 실내 공기의 온도 유지에 대한 지출이 새롭게 더 늘어날 것이다.

많은 학자들이 다른 관점을 지지하고 있다는 사실만이 희망을 준다. 그들의 의견에 따르면 지구 온난화는 인간 활동과는 직접적인 관련을 갖지 않는 주기적 현상일 뿐이다. 글로벌 기후 변화 과정의 모델화가 다가올 기후 변화에 대한 적절한 예측을 보장하는 것은 아니다.

김진규

고려대학교 노어노문학과를 졸업하고, 상트페테르부르크국립대학교에서 노어학으로 석사·박사 학위를 받았다. 계명대학교 러시아어문학과 전임강사, 조교수, 부교수를 지냈고, 현재 고려대학교 노어노문학과 부교수 및 러시아CIS연구소 부소장으로 재직 중이다. 저서로는《고급토르플러시아어》,《러시아어토르플공식문제집—3단계》와 다수의 논문이 있다.

남혜현

연세대학교 노어노문학과를 졸업하고 고려대학교에서 석사, 러시아 상트페테르부르크 국립대학교에서 노어학으로 박사학위를 받았다. 현재 고려대학교 러시아CIS연구소 연구교수로 재직중이다. 저서와 역서로는 각각《회화로 이끄는 실용 러시아어 작문》,《체호프의 산다는 것은》이 있다.

현대 러시아 읽기

초판 발행	2010년 9월 15일
초판 2쇄	2015년 3월 11일
지은이	김진규·남혜현
펴낸곳	고려대학교출판부
	www.kupress.com
	kupress@korea.ac.kr
	136-701 서울특별시 성북구 안암동
	02-3290-4230, 4232
	Fax 923-6311
찍은곳	한국컴퓨터인쇄정보

ISBN 978-89-7641-733-6 13790

값 14,000원

* 잘못 만들어진 책은 바꿔드립니다.